# Lo que no digo
# cantando

# RICARDO MONTANER

# Lo que no digo
# cantando

**GRUPO NELSON**
Una división de Thomas Nelson Publishers
*Desde 1798*

NASHVILLE   DALLAS   MÉXICO DF.   RÍO DE JANEIRO   BEIJING

Diseño: *Grupo Nivel Uno, Inc.*
Fotografías en el interior por: *Raúl Touzon, Héctor Montaner y otros.*

ISBN: 978-1-60255-305-7

Impreso en Estados Unidos de América

09 10 11 12 13 QW 9 8 7 6 5 4 3 2

*Al Verbo... al «Yo soy»...*
*Al que perdona y olvida...*
*Al que me puso en tus manos*
*para que me leas...*
*A quien estaba al comienzo de todo...*
*Al Eterno...*
*A quien pone las palabras en mi corazón*
*y me mueve las manos*
*cuando me siento a escribir...*

¿Qué sería de mi hogar, Señor?
Sin mi fe y sin mis columnas
para soportarlo.

A Marlene...
mi rebaño... Ale, Héctor,
Ricky, Mau y Evaluna

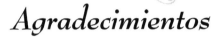

# Agradecimientos

A Dante Gebel, por haberme impulsado a través de sus palabras y amistad a escribir este libro.

Al doctor Ruiz, por llevar con éxito y paciencia la gestión con Grupo Nelson.

A la editorial Grupo Nelson, muchas gracias por su confianza en esta nueva aventura.

A Julio Mariano, por su estrecha colaboración y amistad en el proceso de este parto.

¿Cómo hacer para gestionar un pasaje al cielo con la seguridad de que no te van a tirar la puerta en la cara? ¿Cómo saber si me espera la mesa servida para comer a Su derecha?

¿Qué tan próximo a Su cabecera voy a estar?

¿Se dirigirá a mí con voz audible, me mirará de vez en cuando? ¿Me va a dar ese abrazo por el cual he orado todos estos años?...

¿No te has hecho esas preguntas alguna vez en tu vida?

Me refiero a si, alguna vez, has hecho algo para merecer todo esto.

Pues si no es así, ¡dale una «apuradita»! ¿Qué pasaría si viene Dios a buscarnos y no estamos listos para irnos con Él?

La respuesta a todas tus preguntas la vas a encontrar en el rincón más insospechado de tu vida —y el más fácil de encontrar. En ese lugar por el que pasas siempre… al lado de la mesita de entrada, o en el armario donde guardas todas tus negaciones, tus frustraciones, tus sueños no cumplidos, el fracaso y las apariencias que sacas a pasear los sábados en tu auto nuevo.

No te preocupes, yo también caí en eso; es más, caigo aún a cada rato.

*Lo bueno de todo es que con el Señor, que me salvó, no tengo rollo con pedirle que me levante una y otra vez. Él es fiel, entró en mi corazón y ya no sale más, por mucho que me merezca que se vaya. ¡No se va a ir! Ya soy parte de Su equipo, de Su personal. Voy reflexionando en esto mientras viajo de Miami a Maracaibo.*

*Quiero estar unos días en Maracaibo para airearme, ya que Miami está lleno de maracuchos.*

*Te cuento el escenario para que veas solamente que un momento de reflexión y de convivencia con el Señor se puede tener en cualquier parte y a cualquier hora.*

*Sepan que están en mis oraciones. Pido por ustedes cada mañana para que no pase un minuto más de su vida, perdiéndose de esta maravilla, de este vuelo de pájaro libre… ¡de este síndrome de felicidad incurable que se llama Jesús!*

# La cima del cielo

Y BUENO, ¿Y AHORA? ¿CÓMO EMPIEZO?
Tanto, tanto y tanto prepararme para este momento. Tantos
lápices a mi lado con punta fina y papel suficiente para no tener
ni siquiera una palabra que pueda dar inicio a esta extraordinaria
aventura. Se me ocurre empezar por despejar una incógnita que
tiene que ver con el título de una de mis canciones más acertadas:
¿Llegué a la cima del cielo? ¿Estoy en la cima del cielo? ¿Dónde
queda esa cima de ese cielo?

Tengo un pequeño botoncito que descubrí a un lado del
corazón que se llama recuerdo. Voy a tocarlo a ver qué pasa...

Silencio absoluto, un enorme precipicio me hace volver al
pasado...

De repente, me encuentro en el cruce de la calle 33 y la 7ma.
Avenida de Nueva York. Estoy frente al Madison Square Garden
y mi nombre parpadea en el gigantesco cartel exterior. Anoche
estuve aquí —cuando nadie observaba— para mirar a solas ese
cartel. Hoy no puedo hacerlo, debo escabullirme entre la gente
que está entrando para verme.

Anoche, por un momento, mi memoria fue mucho más atrás aun, y no puedo decir otra cosa que: ¡Uau! ¿Quién me lo hubiera dicho? ¿Cómo iba a llegar yo aquí? En Maracaibo, el cartel más iluminado que había era el de «Casa Paco», un bar restaurante donde solía ganarme mis primeros bolívares, y ahora estoy parado aquí, frente al coliseo más grandioso del mundo, el Madison: «The Greatest Arena in the World». Por allí han desfilado los artistas más populares del planeta, como: Héctor Lavoe, Frank Sinatra, Jethro Tull, The Doors y la propia Marilyn Monroe, cuando le cantó el famoso «Feliz Cumpleaños, Señor Presidente», a John Fitzgerald Kennedy.

Diecisiete mil personas esperan en los asientos para verme cantar y puedo sentir el enorme peso de lo que esa responsabilidad significa para cualquier artista. Y sobre todo para mí, que vengo de cantar en taguaras —bares de lo peorcito— y ferias patronales, y en todos los festivales de provincia del Perú. Allá por el 1979 y el 1980: Chiclayo, Ancón, Sullana, Papato y, el más importante, el festival de Trujillo. Esa fue mi escuela, ese fue mi conservatorio, la calle, la tarima, de allá vengo.

Confieso que en otras ocasiones he tenido la dicha de estar en escenarios muy importantes como este: el Teatro Teresa Carreño en Caracas, el Auditorio Nacional en Ciudad de México, el Estadio Luna Park de Buenos Aires, el Coliseo José Miguel Agrelot, el inolvidable Bellas Artes de San Juan, Puerto Rico, la Quinta Vergara en Viña del Mar, el Campin en Bogotá, La Plaza de Toros cubierta de Monterrey, por mencionar algunos. Pero el Madison posee una mística incomparable, algo así como la meca para cualquier artista. ¡Uau! Me digo nuevamente. ¡Uau! ¡Mi primera oportunidad en el Madison Square Garden! ¡Mi primer concierto aquí! ¡Y cobrando! Hasta hace un tiempo hubiera pensado que tendría que pagar para cantar aquí. Me trae la radio de Raúl Alarcón padre, ese hombre apuesta por mí, se la juega y aquí está la respuesta. Es el año 1992.

La multitud, eufórica, aguarda los minutos finales antes que me toque salir a escena. Siento la misma adrenalina de aquellos días, de donde vengo, cuando a los catorce años tocaba en una pequeña iglesia de Maracaibo con mi grupo Scala, un intento de banda de rock. Claro, que por aquel entonces era el gordito baterista de lentes extraños, pelo largo y unos ridículos frenazos de bicicleta por bigote. En fin, un anónimo, un invisible, un seguro candidato a pertenecer al bando de los

**Daría cualquier cosa por hablar con aquel niño que alguna vez fui...**

fracasados, de los que están pero que aún no se han enterado, de los que están pero aún no han llegado a ninguna parte. De esos que arriban a la fiesta pero nadie sabe cómo llegaron allí. Es más, no se notan en ella. De los que en lugar de vivir, transcurren.

Ahora que lo pienso, y estoy a punto de cantar en el Madison, se me ocurre que daría cualquier cosa por viajar al pasado y hablar con aquel niño que alguna vez fui. Le diría que no se preocupe por nada más que no sea crecer, que su vida estará resuelta mucho antes de lo que se imagina, pero sobre todas las cosas, le diría una frase que hace poco mi esposa Marlene me regaló grabada en una medalla: «Esto también pasará». Casualmente son las tres palabras que concluyen un largo debate, les cuento: En un cónclave de sabios, dijo el monarca que buscaba el resumen de toda la sabiduría del universo.

«Necesito que ustedes, al final del día, me den una frase que sea lo más sabio que ningún mortal haya escuchado jamás. Quiero que arriben a una conclusión sabia y la escriban en un papel diminuto. Guardaré esa frase en mi anillo. Y si algún día, el infortunio permitiera que me encuentre en medio de una crisis muy profunda, abriré el anillo y estoy seguro de que esa frase me ayudará en ese momento extremo», dijo aquel rey de la antigua leyenda.

Lo que no imaginaba el monarca era que esa frase no sólo lo pondría a salvo en los momentos de mayor soledad y crisis, sino también cuando los aplausos de los cortesanos intentaran acariciar su ego y moverlo de su eje. En los oasis y las mesetas de la vida. En el Madison de Nueva York o en un bar de Maracaibo.

Hubiese dado cualquier cosa porque alguien me contara esa fantástica historia cuando fui mucho más joven. Claro, en esa época, aún no conocía a Dante, que es el amigo que me contó ese relato del que me he adueñado, para llevárselo y transmitírselo a cada una de las personas con las que me encuentro en mi diario transitar. «Esto también pasará» no sólo se ha convertido en la frase de mi medalla en el pecho, sino en la expresión que me mantiene vivo cada vez que creo que voy a morir, y me alerta cuando la debilidad se convierte en tentación.

**«Esto también pasará».**

De viajar al pasado hoy, no buscaría a nadie más, no hablaría con ninguno más, sólo trataría de ubicar a Ricardo, aquel niño de los lentes de aumento. Lo enfrentaría cara a cara y le diría algo así como: «Disfruta de la juventud que te queda por delante, vive cada instante que puedas, no te pierdas el ahora por preocuparte por el futuro. Todo va a salir bien, te lo prometo, tranquilo, no hay nada malo adelante. Finalmente vas a lograrlo».

De haberlo sabido, allá en Maracaibo, que todo aquello también pasaría, no me habría preocupado porque mi padre era calvo... siempre pensé que yo también heredaría la misma pelada. Ni porque mamá, una católica de las que se «golpeaban el pecho» —una beata— estaba sumida en el sufrimiento por un matrimonio venido a menos y a punto de estallar, no habría sufrido tanto por el doloroso divorcio de mis padres.

Desde que lo recuerdo, mi papá fue un hombre de gran oratoria y pragmático pensador de la escuela de la vida. Siempre se dijo ateo y peronista, un devoto incondicional del popular presidente argentino, el General Perón. Con esto último no existía mayor inconveniente, pero con eso de no creer en nada, o sea, hacerme la idea de que llegamos aquí, a la existencia, nos instalamos en el planeta tierra, venimos de un mono, nos trajo la cigüeña y de paso vivíamos en Maracaibo... algo de aquellos tiempos no terminaba de rimarme. Principalmente lo del mono, bastante tenía con la paranoia de la calvicie de mi padre, como para agregarle el temor de heredar alguna cualidad de un lejano bisabuelo simio.

**No te pierdas el ahora por preocuparte por el futuro.**

Pero han pasado muchos años, antes de que la vida y la gracia divina me trajeran hasta uno de los escenarios de los espectáculos más imponentes del mundo.

Y es justamente aquí, cuando una joven periodista extremadamente delgada, de cabello rubio rizado, me intercepta e intenta hacerme un par de preguntas en la puerta de los camerinos, antes de salir al escenario.

«Ricardo», dice amablemente, aunque percibo cierto nerviosismo —o quizás será mi manera de proyectar en ella tanta adrenalina antes de salir a un Madison que aguarda rugiente como león en celo— «tus producciones musicales ya alcanzan millones de copias, y estás a punto de brindar un concierto en el mítico Madison. ¿Crees que finalmente has llegado a la cima del cielo?»

Casi no la oigo, el sonido de la multitud se hace ensordecedor. Me sonrió con su modo inusual de preguntar, utilizando a modo de metáfora una de mis canciones. La rubia periodista pertenecía al *staff* de CNN, sé que merece una respuesta, pero no puedo dársela en el tiempo que resta antes de cruzar el umbral que me dejará de pie ante el público. El bullicio se hace más ensordecedor aun, la atmósfera parece literalmente electrificada. Por alguna curiosa razón, todo pareciera moverse en cámara lenta. Se apagan las luces. Algunos seguidores de luz juegan con la gente que levanta las manos y aplauden en lo alto. Aparece en pantalla un conteo regresivo, faltan segundos para que finalmente estalle el lugar y explote mi corazón.

Estoy consciente de que no puedo responderle con un monosílabo, y mucho menos darle una receta de cómo llegar a la cima del cielo, como si se tratara de una pócima mágica o una dieta para adelgazar.

> Mi emoción
> es más honda
> que el Atlántico.

«Es bastante complejo responderte eso ahora mismo y de manera concisa», le digo, mientras uno de mis asistentes me insiste en que ya debo alistarme para salir. La muchacha sonríe a mi pobre intento por darle una respuesta y agrega:

«Cuando encuentres la respuesta, quizás deberías ponerlo en un libro, ¿no?»

Y fue en ese momento, allá en el coliseo de la Gran Manzana donde lo consideré por primera vez. Mi primer libro, mi primer intento por contar una historia sin el límite de una canción de cuatro minutos.

En esos implacables segundos de la cuenta regresiva supe que de hacerlo, debería comenzar con un génesis original y único. Algo así como un diario de viaje, como una bitácora de vuelo escribiendo una crónica de cada paso de fe que he dado en la vida, como un niño que acaba de arribar a una vida soñada. Como cualquiera de mis conciertos, debería tener un gran inicio y un final inesperado.

¿Cuánto puede importarles la manera en que comience este relato? ¿Les digo?

¡Hola, soy Ricardo! Y ahora les voy a contar cómo llegar a la cima del cielo, como si se tratara de una receta de esas que salen en los libros tan vendidos de mejoramiento personal, dándoles los pasos a seguir —como si yo me los supiera todos— como si mi ego sirviera de algo en un episodio de mi vida como este, tan gigante, tan importante y, al mismo tiempo, tan emocionalmente nuevo, ¡mi primer libro!

El cómo viví el momento más grande de mi historia. Busco un comienzo impresionante y explosivo o simplemente dejo fluir la pluma tratando de alcanzar mi pensamiento, queriendo mi mano ser más ágil que mi conciencia y que mi memoria. No temáis por mí, guitarra mía, que mi salida abrupta al escondite de estas páginas será corta, cortísima, tanto como una canción aún no empezada, tanto como una bordona rota y vuelta a remendar, como el andar que no se ha andado. Sí, mi emoción es más honda que el Atlántico, y esta emoción de descubrirme ante los ojos del mundo es la misma del niño enamorado de su maestra de tercero y de su compañera de quinto. Estoy repleto. Canto a capela, en el auto, en el baño, en el ascensor lleno y suelto lágrimas.

¿Cómo contar en un cuento cómo nací de nuevo, que nací otra vez, sin saber aún que estaba muerto? Que dos rodillas me bastaron para postrarme ante el universo mismo, ante el Guardián de mis días y mis noches, de mis ahora en adelante. Ante el Dueño del control remoto de mi libre albedrío.

Ahora así, salgo al escenario, suenan los primeros acordes que apenas escucho por el sonido de la multitud. Son unas miles de caras, pero parecen millones. Ya no me interesa vivir pensando como cuando vivía en Maracaibo, que la felicidad absoluta llegaría el viernes en la noche o el sábado por la tarde. O en el verano o en la primavera. O una vez que grabe un nuevo disco o cuando viaje a aquel país desconocido. O cuando gane otro premio, cuando crezcan mis hijos o cuando me pare ante una nueva multitud.

**La felicidad no es un destino.**

La felicidad no es un destino, es un trayecto. La cima del cielo, paradójicamente, no es el lugar que uno escala en un buen día, sino un camino que vamos transitando de a poquito, con los pequeños fragmentos del hoy.

No he vuelto a saber de aquella periodista, no sé si aún lo sigue siendo, no sé dónde habrá ido a parar, es más no sé si me recuerda, pero yo sí. Este libro posiblemente se lo debo a ella. Probablemente se vería reflejada si leyera estas líneas, pero lo relevante de todo esto es que en medio de la bulla más grande se puede sentir el silencio más absoluto para saber cuando algo importante de tu vida se puede estar gestando en el momento que menos te lo imaginas. Este libro es tal vez una aventura pero qué más da, si de ello he vivido. No he vuelto a ver a aquella joven periodista desde entonces. Pero si volviera a encontrarla en algún momento de la vida, le diría que ya tengo una respuesta para aquella pregunta casi inoportuna: «No he llegado a la cima del cielo, transito por ella a diario».

# Me llamo Héctor Eduardo Reglero Montaner.

*Tus ojos vieron mi cuerpo en gestación:*
*todo estaba ya escrito en tu libro;*
*todos mis días se estaban diseñando,*
*aunque no existía uno solo de ellos.*

*Salmo 139.16*

DESDE LOS DIECIOCHO AÑOS ADOPTÉ MI nombre artístico: Ricardo Montaner. Si hoy en día me afeito, me veo frente al espejo, quien se está afeitando es Ricardo. No se está rasurando Héctor. Adopté este nombre artístico y se convirtió en un nombre verdadero. Me identifico más con Ricardo que con Héctor. Me gustaría contarles algunas cosas que recuerdo de él antes de convertirme en Ricardo.

Yo nací en Buenos Aires, en la ciudad de Avellaneda, un 8 de septiembre de 1900... de 1900... bueno, de mil novecientos y pico. Viví los primeros años de mi vida en Valentín Alsina. Soy hincha de Independiente desde muy chico, igual que mi abuelo Laurentino. Al mismo tiempo viví en una calle llamada Portela. Si no me equivoco, el número era el 2230. Un número que hoy no existe en esa calle. Viví en una casa de vecindad. Esas casas donde viven varias familias, como la vecindad del «chavo del 8».

Esas casas eran habitadas por tres o cuatro familias. Nosotros dormíamos en la primera habitación que quedaba a la izquierda del pasillo. En ese cuarto estábamos los cuatro: mis padres, mi hermana y yo. A la derecha de la habitación frente al pasillo quedaba la cocinita. Teníamos que compartir el baño que quedaba del otro lado con otra de las familias. Cada vez que en la noche queríamos ir al baño recurríamos a la chata que teníamos debajo de la cama o de lo contrario teníamos que cruzar el zaguán.

En época de invierno todo era muy difícil debido al intenso frío. En los inviernos, mi madre me perseguía por toda la cuadra para agarrarme. Me escondía en casa de los vecinos con tal de no bañarme. Ella preparaba un fuentón en la mesa del comedor. Mamá lo llenaba de agua tibia, y allí nos bañaba a mí y a mi hermanita. Cuando crecí un poquito más tuve la posibilidad de bañarme debajo de la ducha. Atendíamos a las visitas en el mismo lugar donde dormíamos. Nuestra habitación era comedor, sala, cuarto de juegos, dormitorio y baño. Era un cuarto multiuso. Miraba los Tres Chiflados puntualmente a las doce del mediodía, sentado en la escupidera. Aún recuerdo ese maravilloso olor... a esa hora ya mi mamá ponía el bife en la plancha, ya se acercaba la hora de comer.

Nada hacía pensar en los primeros años, según el mapa que me rodeaba, que mi vida iba a dar un vuelco tan extraordinariamente opuesto. Mucho menos que iba a convertirme en un ganador cuando tenía todas las fichas compradas para ser un muchacho sin mayores expectativas y sueños. Una de mis ilusiones era la de algún día subirme a un avión. Nunca, nunca había imaginado de chiquito que a los ocho años iba a estar subiéndome a uno. ¡Y era uno muy grande! Me llevé mi bolsillo lleno de piedras para viajar a Venezuela, jurando que podría tirarlas por la ventana. Antes de eso, a los cinco o seis años, mi papá consiguió la posibilidad de dar la inicial de un préstamo para comprar una casita muy pequeña en la avenida Pilcomayo y Quirno Costa, Caraza, Lanús Oeste. Eran calles de tierra, aunque Pilcomayo tenía asfalto. Mi mayor entretenimiento era ir a jugar fútbol a una canchita que había en la esquina. También iba a pescar ranas en las zanjas, o me subía en el carro jalado por la mula que tenían en un corralón de enfrente donde vendían cemento y materiales de construcción. Ese era el

> **Nada hacía pensar que iba a convertirme en un ganador.**

mayor de mis entretenimientos. Caminaba hasta el colegio unas siete cuadras.

Papá y mamá pusieron una pequeña despensa, un pequeño almacén llamado: «Mi sueño». Con ese nombre la bautizó mi mamá. Ese era el sueño de mi mamá. Tener una despensa. Y de no haber sido porque Dios tenía otros planes que tenían que ver conmigo, aún estaríamos allí. Ahí se vendían fiambres, vino, empanadas, matambre, artículos de limpieza y al ladito había un kiosquito que atendía yo, en donde vendía lápices, borradores y cuadernos para todos los que estudiaban en un colegio cercano y que pasaban a comprar sus útiles. Después que llegaba todo roñoso de jugar en la zanja, a eso de las cuatro de la tarde, mi madre hacía que me bañara y salía al porche frente del almacén a comer mi alfajor Jorgito —una golosina formada por dos trozos de masa unidos con dulce de leche. En un terreno, a dos cuadras de ahí, había un estanque que era un tanque de agua abandonado. Me apodere de él. Lo llené de agua y adentro hice mi propio criadero de ranas. Llegué a tener miles. Iba todas las tardes, lo destapaba, les echaba comida y lo volvía a tapar.

Tenía un perro que se llamaba Poky. Era uno callejero, que vivía dentro de mi casa. Poky se hizo mi amigo algún día de esos que fui a la zanja a pescar ranas. Él tenía el mismo pasatiempo que yo, pero era cazador de ratas por excelencia. Era uno de esos perros que en Venezuela llamarían «cacri», «callejero criollo». Lo bauticé como Poky. Dormía conmigo en mi cuarto. Ustedes se podrán imaginar cómo olía mi habitación, a cualquier cosa menos a la de un niñito.

**Yo quería fabricar perfumes.**

Poky me acompañó los días de resfriado, los días de invierno con mucho frío, con el calentador prendido. Me acompañaba a hacer los deberes del colegio. Lo salvé una vez del camión de la perrera que atrapaba los animales callejeros. Antes que le inyectaran gas a la carrocería de ese camión, logré salvarlo. Lo soltaron. Pero una vez, cuando tuve sarampión, Poky salió como siempre a la calle, y yo no estuve cerca para hacer algo que evitara que el camión se lo llevara nuevamente. Jamás lo volví a ver. Mis tardes en la zanja y en el estanque nunca fueron iguales. Llegué hasta a perder la cuenta de las ranas que tenía. Creo que no me enfermé nunca más para evitarme la experiencia de no poder compartir con Poky la fiebre y la tos convulsa. De todos modos me habría tenido que separar de él y hubiera sido mi primera separación de un gran amigo. A menos de un año estaríamos mudándonos a Venezuela. Y Poki hubiera tenido que quedarse en el lugar donde lo había encontrado: en la calle.

~

¿Quién no cazó pajaritos con una caja, un palito y un rollo de hilo largo? ¿Quién no le puso miguitas de pan a la caja, para esperar que el pajarito se acercara? ¿Quién no pasó horas y horas interminables en tardes de verano esperando que el pajarito cayera? ¿Quién no cazó alguna vez un gorrioncito, para después dejarlo en libertad? ¿Quién no hizo algún día un barrilete o volantín? ¿Quién no intentó, sin éxito, alzarlo al vuelo? ¿Quién no se maravilló con su papá haciendo uno de verdad? ¡Un barrilete gigantesco, más grande que uno mismo!

¿Quién no salió alguna vez en verano, con una red improvisada, a cazar mariposas? Me acuerdo que yo quería fabricar perfumes y cuando lograba cazar una, intentaba fabricar un aroma pensando que las mariposas traían olores maravillosos por las flores que tocaban. Inconscientemente alguna vez fui asesino de mariposas.

Sólo basta con encontrarte con Dios para que todos esos episodios a los que jamás le diste importancia vengan a ti en bandadas, convertidos en cargos de conciencia. Hoy pienso en que maté alguna vez una mariposa para fabricar un perfume y me parece que de alguna forma agredí la creación de Dios. Y esto sirve de meditación a todo aquel que alguna vez, o que todos los días, agrede a la creación de Dios, con una mentira, con un desprecio.

～

Así pase esos años de mi vida, hasta que un buen día un amigo de mi padre llegó a la puerta de casa y le dijo: «Hay una oportunidad de trabajo para irnos a Venezuela». Mi papá, sin pensarlo dos veces, dijo que sí. Era un contrato por dos años para una empresa telefónica.

> **Cada vez que alguien te hable, mírale a los ojos.**

A los dos años regresaríamos. Mi papá inmediatamente preparó sus papeles y se hizo el pasaporte. Luego sacó el de toda la familia. Viajó a Venezuela primero en el mes de agosto. En el mes de noviembre, regresó por nosotros. Me subí al avión tal cual lo había imaginado siempre, como lo había soñado siempre. Me compraron un trajecito celeste. Y también llevaba una gigantesca enciclopedia sobre la geografía venezolana que me trajo mi padre de su viaje. Yo cargaba ese gran libro en las manos. Mi papá me dijo que si subía con un libro al avión, la gente me iba a ver como un tipo interesante, como alguien estudioso. Llené mis bolsillos con piedras, pero nunca calculé que no podía bajar el vidrio. Como éramos cuatro, me tocó sentarme en un asiento de pasillo separado de mi familia. Junto a mí, se sentó una señora que no recuerdo su nombre, pero sí que aprendí quizás una de mis primeras lecciones de vida. Ella trabajaba en el consulado de Argentina en Venezuela. Me tocó de vecina de asiento. Me comenzó a hablar pero, debido a mi inseguridad, yo ni la miraba. Yo cargaba con esa vergüenza sin motivo aparente. Esa inseguridad la traía heredada. Esa inseguridad que me hacía tan parecido a todos a los que me rodeaban. Esa misma inseguridad no me permitía tener ningún tipo de expectativa.

Hasta que en la mitad del vuelo parece ser que a la señora se le colmó su paciencia y me dijo: «Te voy a dar un consejo, cuando una persona te hable mírale siempre a los ojos. Si no miras a los ojos de la gente que te habla das a entender que no te interesa lo que están diciendo».

Eso me sirvió como una lección de vida y hasta el día de hoy lo practico. Jamás, cuando habló con alguien, dejo de mirarle a los ojos. A lo largo de mi vida le he dicho a mucha gente: «Cada vez que alguien te hable, mírale a los ojos».

～

Llegamos a Venezuela, a Caracas propiamente, una mañana de noviembre. Un compañero de mi papá nos fue a buscar al aeropuerto, aún recuerdo mi impresión al atravesar los túneles que comunicaban a la Guaira con Caracas, también me impresionaron los ranchitos multicolores que forman los grandes cinturones de miseria de la Caracas de aquellos tiempos y de estos también. Nos instalamos en el hotel Kursal, de la Avenida Real de Sabana Grande, ahí viviríamos por más de veinte días. Mi primer almuerzo me impresionó mucho. Papá nos llevó a comer al restaurante del hotel —y por cierto, creo que fue la primera vez que comía en un restaurante. Nos dijo: «Deben conocer la comida venezolana», y viéndolo desde hoy hasta aquellos tiempos, me doy cuenta de que ahí comenzaría el primer cambio trascendental de mi niñez.

Arroz blanco, caraotas [frijoles] negras, plátano [banana] maduro alrededor y un hermoso huevo frito cabalgaba sobre todo aquello. Argentino al fin, carnívoro por supuesto, con languidez le pregunté a mi papá: «Papá, ¿dónde está el bife?» A lo que respondió inmediatamente: «Debajo de todo eso. Este plato se llama bistec a caballo».

**Mi mapa se mantenía oscuro y raro.**

Al cabo de un mes, me instalé a estudiar en un colegio «privado» llamado Bernardet, y digo privado entre comillas porque no teníamos suficiente dinero para pagarlo y a mi padre le costaba sangre, sudor y lágrimas poder llegar a fin de mes para cumplir con la cuota. Aun cuando estaba contratado por una empresa multinacional, la plata no nos alcanzaba tanto como para pensar en lujos. Aunque mi vida empezó a cambiar geográficamente, seguía siendo el muchachito gordito de lentes sin demasiada expectativa de cambio. Mi mapa se mantenía oscuro y raro.

Corrió el tiempo, y ya vivíamos en Maracaibo. Estudiando en el colegio católico de los curas claretianos empecé a través de la música a destapar al verdadero Ricardo que había adentro; perdón, al verdadero Héctor —aún no era Ricardo. Se me empezó a quitar el miedo y por primera vez, a los catorce años, le dije a una chica que me gustaba, y por primera vez canté una canción en público. Me dediqué a tocar la batería y a hacer los coros en la iglesia claretiana. Poco a poco me levanté de la silla de la batería y comencé a cantar en público sin darme cuenta. Mi miedo escénico comencé a vencerlo a través de la música. Siento que ahí Dios comenzó a poner Su mano en mí. Yo venía criado con costumbres católicas no practicantes. Nunca íbamos a una iglesia; sin embargo, a esa edad, justo a los catorce, mi entrada en el grupo significó tener como mi segunda casa. Era donde ensayaba con mis músicos y, por supuesto, tocaba en los servicios. Ahí conocí a mi primera novia, y comencé a tener mis primeros síntomas de rebeldía o de protesta, por llamarlo de alguna manera. Es más, ahora concluyo que a esa edad son muchas las cosas que uno siente por primera vez. Es como si todo te llegara al mismo tiempo. Es como si tuvieras urgencia de descubrir el futuro restándole importancia al presente. Quieres averiguar, quieres conocer y ahí es donde metes la pata.

> **Comencé a tener una relación con Dios a través de la música.**

Siempre oculté el hecho de no haber tomado mi primera comunión y aunque mi mamá estuvo pendiente de juntar la plata suficiente se fue postergando y ya lo sentíamos como muy tarde. Con catorce años un niño no toma la primera comunión, lo haces a los siete o máximo a los ocho años. Me daba vergüenza confesarlo. Si se enteraban me meterían en clase de catecismo y haría la comunión con los niños chiquitos y eso me hubiera dado mucho más vergüenza y hubiese alimentado mis inseguridades aun más.

Salíamos a los retiros espirituales con un cura llamado Ramón. Cuando llegaba el momento de la confesión siempre busqué una excusa para no confesarme porque no sabía cómo se hacía. No sabía cómo uno debía hacerlo, qué palabras tenía que decir y me daba miedo preguntarlo. El caso es que un día me obstiné de eso y decidí tomar la primera comunión por mi propia cuenta, sin hacer ningún curso especializado y sin hacer absolutamente nada. Como una de mis primeras señales de rebeldía me fui a otra iglesia y me paré frente al cura, y antes de levantarme del banco hablé con Dios y le dije: «Aquí voy. Siento el suficiente amor por ti como para querer compartir un acto tan hermoso como lo es la comunión». Lo que ahorita los cristianos llamamos la Cena del Señor. Me paré frente al cura, y me dio la hostia, que no era la misma que solía darme mi mamá cada vez que hacía algo que no le gustaba.

Mientras caminaba hacia el asiento, sentí una serie de cosas inéditas y al mismo tiempo una sensación de gozo extraordinaria, como de haber logrado algo por lo cual había estado frenado toda mi vida. A partir de ahí los domingos de misa en la iglesia me paraba y comulgaba. Nunca me motivó el hecho de confesar mis pecados a un cura y comencé a hablar con Dios en aquella época. Y le decía: «Si hice esto malo te lo confieso a ti, no tengo por qué ir a otra persona que me ponga penitencia haciéndome repetir como castigo el Padrenuestro». Se imaginan, me castigaban con la misma oración que el mismísimo Señor nos enseñó. ¿Curioso, no? El Padrenuestro era el castigo. Es decir, nos castigaban mandándonos a orar, ¡qué raro! Comencé a tener una relación con Dios a través de la música.

> **La base de cualquier sociedad es tener una familia.**

La gente siempre me ha preguntado por qué uso zapatos de goma con los trajes y por qué me presento siempre con mis tenis puestos. Y ahí comenzó... en esa época tocando en la iglesia. Veía que el cura debajo de su sotana vestía zapatos tenis, zapatos de goma. Y lo veía muy cómodo con su sotana dando el servicio, mientras a nosotros nos apretaban los de suela. Veía que él era bastante «rocanrolero» en ese sentido. Un día, por primera vez, me puse zapatos de goma para cantar en la iglesia, y como no me regañaron hasta hoy no me los he quitado. Ese cura influenció mi manera de vestir. Ese hombre sin darse cuenta también me hizo por primera vez preguntarme el porqué del celibato. El porqué un hombre tiene que negarse a la posibilidad de amar a una mujer y vivir en matrimonio, y la posibilidad de tener hijos y formar una familia. Eso me llamaba mucho la atención, no me hacía sentir muy bien. Yo no creo que uno ame más, o esté más cerca de Dios por el hecho de guardar celibato o vivir en clausura. Sinceramente pienso que el amor por Dios pasa por encima de eso. La base de cualquier comienzo, la base de cualquier sociedad es precisamente tener una familia. ¿Cómo era posible que esas familias de esos curas se truncaran ahí? Que no hubiese descendencia. No lo entendía. Como ejemplo menciono al apóstol Pablo —el de la Biblia— cuando escribió que era bueno estar como él, aunque no se sabe si era soltero, viudo o divorciado, lo dijo como sugerencia. Como un estilo de vida para gente que como él se dedicaba a una noble tarea. Sus viajes eran extensos y con medios primitivos de transporte, por lo cual los tiempos y distancias se alargaban. No creo que lo haya dicho como una obligación.

Unos años más tarde, este cura desaparece de nuestras vidas y lo encuentro poco tiempo después casado con una persona cercana a nuestro colegio. Hoy en día es un hombre casado, con una familia, con varios hijos y feliz. Con su vida muy cercana a Dios.

Quizás te estés preguntando el porqué de mi relato hasta aquí. Pues lo que te quiero decir con todo esto es que nunca me había imaginado que la vida podía dar tantas y tantas vueltas, como para traerme hoy a escribir un libro. Si hay algo que jamás pude presentir en mi vida es que iba tener la fortuna de sentarme frente a un jardín y ver el agua mientras escribo. Jamás pensé que Dios me había elegido de esta manera. Nunca imaginé que mi mapa de vida pudiera dar el vuelco tan radical que dio. Soy un ejemplo viviente de lo que Dios puede hacer con una persona. Si hoy en los Estados Unidos se puede tener un presidente negro, si hoy en la Argentina y Chile pueden tener presidentes mujeres, tú puedes ser precisamente lo que tus sueños quieren que seas. Para eso tienes que empezar por saber qué es tener un sueño. Debes tener uno. Luego que logras tenerlo, tienes que ir por él. Creo que los sueños se pueden comparar con las promesas de Dios... es cuestión de ir por ellos. Para que una promesa de Dios se cumpla, no puedes estar en tu casa esperando que llegue. Es lo mismo con los sueños, no vienen a ti, tú tienes que ir por ellos.

¿Qué hago yo aquí? Si no tenía ningún tipo de virtud que me hiciera diferente. ¿Por qué no me quedé viviendo en Monte Grande, como mis primos? ¿Por qué mi papá y no mi tío Alfredo, o mi tío Rodolfo, o mi tío Norberto? ¿Por qué yo encontré la posibilidad de grabar un disco? ¿Por qué reunirme con amigos compañeros de colegio, armar una primera banda y tocar en la iglesia? ¿Por qué haberme hecho padre a los dieciocho años? ¿Por qué haberme dedicado a la carrera

**Creo que Dios tiene bien claro hacia dónde voy.**

que me dediqué si nunca estuvo en mis pensamientos cuando era chico? ¿Por qué Dios me eligió a mí? Aunque esté lleno de preguntas, todo eso me llena de satisfacción y es algo que no espero descubrir. Y que a estas alturas tampoco importa.

Yo creo que Dios tenía un propósito para mí y me lo ha ido haciendo saber. Creo que Dios tiene bien claro hacia dónde voy, aunque yo no lo sepa exactamente. Aunque reconozco tener una visión, muy probablemente no tenga el tiempo de verla concluida. Seguramente la visión de Dios acerca de mi vida me sobrepase. Tal vez hasta sobrepase mi propia generación. Lo que te quiero decir con todo esto es que, si a mí me sucedió, a ti también te puede suceder. No importa lo que te esté pasando hoy. No importa en dónde hayas nacido, ni el número de identificación que tengas. Tampoco importa si tu mapa de vida es uno caótico o uno lleno de éxitos. No importa si heredaste una fortuna o si heredaste los mismos problemas, los mismos traumas, las mismas debilidades de tu generación anterior. Nada de eso importa porque Dios es capaz de cualquier cosa. Dios puede hacer en ti lo que ni tú mismo jamás has imaginado. Dios puede tener un plan contigo del cual ni siquiera estés enterado. ¿Será que tengo hoy la posibilidad de darle un vuelco a mi vida y convertirme en otra persona totalmente opuesta a la que soy? ¿Será que tengo una oportunidad? ¡Sí que la tienes, como la tuve yo! Como la tiene cualquier otro. No importa si vives en un barrio pobre, si vives en una mansión colonial, tienes el mismo potencial para alcanzar lo que logré. Exactamente el mismo. No hice nada para merecerlo, pero Él me eligió a mí, como te puede estar eligiendo en este minuto que estás leyendo estas líneas. Tú eres un elegido también. Basta con que decidas romper con todo yugo generacional, con toda herencia infructuosa, con todo sentimiento de perdedor. Convéncete de que Dios creó un universo de posibilidades para ti y que están al alcance de tu mano siempre y cuando lo quieras. Este no es un libro motivador ni es un libro sobre mejoramiento personal. Es, llanamente, la reflexión de un tipo que es exactamente igual a ti.

Un tipo que nació con las mismas y mínimas posibilidades de subsistencia en una vida con muchísimos problemas. Yo escogí el camino, pero Dios me puso en él. Dios me lo puso al frente y, probablemente, en este minuto también te esté poniendo al frente un camino; dependerá de ti tomar hacia la izquierda o la derecha.

Me llamo Héctor Eduardo Reglero Montaner y soy cristiano.

# El niño del milagro

QUIZÁ EL CAPÍTULO MÁS IMPORTANTE DE MI vida comenzó a escribirse en la costa uruguaya.

Aún recuerdo aquella vez que llegué a Montevideo, hace casi diecisiete años. Esa misma noche, el Estadio Centenario de Fútbol me esperaría con más de cuarenta y cinco mil personas que se congregaban para presenciar mi primer concierto en ese país. Todo esto tenía para mí un significado doblemente importante. Primero, por la convocatoria y en segundo lugar saber que mi concierto se celebraría en el mismo campo donde se llevó a cabo el primer Mundial de fútbol. Las entradas estaban todas agotadas desde hacía varias semanas. Fotos gigantes del show anunciaban en toda la ciudad mi llegada. La televisión y la radio estaban expectantes por aquel concierto multitudinario. De la noche a la mañana, mis años de completo anonimato en Maracaibo y Caracas habían quedado en la historia, y al parecer sólo yo los recordaba, y parecía no importarle a nadie más aquel pasado. Lo cierto es que mis temas estaban *rankeados* en los primeros puestos de las emisoras de las radios del Uruguay y del resto del continente también. «Tan enamorados», «La cima del cielo», ya sonaban con insistencia en todas las radios de las Américas.

«Quiero ir a visitar el hospital de niños», le dije a mis anfitriones uruguayos, apenas me bajé del avión. A decir verdad, no era la primera vez que lo hacía y les quiero confesar que jamás me motivaron los *flashes*, el «centimetraje» de la prensa ni los clichés inventados por los políticos demagogos como ese muy popular: «Siempre hay que levantar un niño en brazos justo en el momento que el obturador de la cámara suena». Lo que me motivaba era solamente ir, estar al lado de los niñitos en todos los hospitales de cuanta ciudad pisaba en América Latina. Con esto comencé, en Maracaibo, desde muy jovencito, la Azupane (Asociación Zuliana de Padres y Representantes de Niños Especiales), una asociación que protegía y cuidaba a los niños que tenían el síndrome de Down (ya les contaré algo de esta historia más adelante), y por alguna razón que desconocía hasta ese entonces, siempre me las arreglaba para visitar los orfanatos y los hospitales infantiles.

Esa tarde en Montevideo evadimos al gentío que se acercó hasta las inmediaciones del aeropuerto. Una supertreta de mi equipo de seguridad y algo de logística lograron que distrajéramos a la caravana de gente que venía detrás de nosotros. Desviamos los autos que me llevarían supuestamente al hotel para llegar corriendo al hospital Pereira Rossell, sin despertar la mínima sospecha en la multitud. Logramos perderlos.

—Tengo una buena noticia y otra mala —dijo casi con voz cómplice uno de los productores—, ¿con cuál quieres que comience?

—La buena, obviamente —respondí.

—La buena es que ya estamos a unas pocas cuadras del Pereira Rossell.

—¿Y la mala?

—La mala es que me acaban de avisar que en el hospital no tienen ascensor. Así que, podemos visitar sólo la planta baja y a lo sumo el primer piso y nos vamos. No es necesario subir cinco pisos por escalera, que es donde está la terapia intensiva, no tendría sentido. Sácate unas fotografías y te llevamos rápido al hotel.

No me gustó mucho la idea y dije:

—Quiero ir al piso donde está terapia aunque sea por las escaleras. Ese es mi deseo.

⤙

A medida que me acercaba al lugar me daba cuenta de que algo me impulsaba a subir. En algún punto, comprendo a los productores —he tratado con ellos durante gran parte de mi vida— y sé que tratan de ser lo más prácticos posibles en cuestiones de agenda, esencialmente cuando se trata de cuidar el tiempo del artista. Pero supongo que alguien había puesto en agenda una cita divina en mi llegada a Montevideo.

⤙

Recorrí el quinto piso en silencio, aspirando ese poco agradable olor a medicina y hospital público. Pasillos grises, gente gris, con penas adentro y afuera. Fue entonces cuando me detuve frente a aquel cuarto. El primer cuarto a la izquierda, para ser exacto.

Dos padres muy jóvenes, parecían casi adolescentes. Ninguno de los dos sobrepasaba los veintiún años. Ambos estaban sentados al lado de un niño de poco menos de un año, conectado a una decena de cables y pequeñas mangueritas. Un cuarto de paredes grises, el mismo gris de los pasillos y de la gente, sin ventilador ni aire acondicionado. Una cama de metal gris también, que por su sonido y sus movimientos se notaba a la legua la antigüedad de sus tornillos y bisagras, eso era lo que completaba el desolador cuadro.

—Se llama Mauricio, Mauricio Sebastián —dijo su madre María Esther, improvisando una leve sonrisa en medio de mi llegada sin previo aviso. El niño había nacido un 28 de agosto, con casi cuatro kilos de peso, completamente normal y saludable, pero a los cuatro meses, una fiebre inusual se instaló como una intrusa en el pequeño.

«Al principio no le dimos mucha importancia», dijo su padre, «luego, nos dimos cuenta que podía tratarse de algo más grave».

Efectivamente, al poco tiempo y antes del año, una infección en su oído hizo que sus padres atravesaran en autobús los setenta kilómetros que los separaban de la ciudad para traerlo al hospital.

«No podemos tratarlo aquí», le había dicho el pediatra de su pequeño pueblo, «conviene que lo lleve a la capital y lo vea un otorrinolaringólogo. Necesita a alguien especializado».

> ¿Cómo encontrarle explicación a que una vida tan pequeña tenga que estar pasando por eso?

Pero para aquel entonces, Uruguay se debatía en una guerra política y como en la mayoría de nuestros países latinoamericanos, era el pueblo el que se veía afectado por la crisis de las malas administraciones. Una sorpresiva huelga de médicos y hospitales que se extendió casi por tres meses interminables, azotaba la capital. La desinteligencia médica y el paro de los profesionales hizo que a nadie le importara demasiado la suerte que corriera Mauricio.

María me contó que le mandaron a sacar tomografías computarizadas en un lugar fuera del hospital. Supuestamente en las primeras tomografías todo estaba bien, pero en las segundas vieron algo y el niño se puso peor.

«Recuerdo que cuando la infección comenzó a invadir su cerebro, él me miraba a los ojos, como pidiéndome ayuda», me dijo María Esther con su voz quebrada, «nunca podré olvidar esos ojos, esa mirada... quería que lo ayudara de algún modo, no hablaba, ni se quejaba pero me miraba».

La fiebre por las nubes, el cerebro del niño afectado por la infección y las convulsiones lo llevaron a lo impensable. Un coma absoluto que requería morfina y oxígeno. Mauri, como le decía su mamá, estuvo veintiún días en coma.

«Esta mañana», culminó su padre completamente devastado, «nos vinieron a avisar que finalmente hoy lo desconectarán, lo dejarán ir. Ellos dicen que con tantos infartos cerebrales, de seis a nueve por día, no podrá soportarlo mucho más».

Por un momento, la impotencia y la tristeza de sus padres, de alguna manera me contagiaron el alma y lo más profundo de mi corazón. La historia estaba por empezar.

Se supone que soy un artista y que estoy entrenado para tapar baches en el escenario, salir de situaciones embarazosas frente a una multitud o hablar sobre cualquier tema frente a una cámara de televisión. Pero esa vez casi no tuve palabras. La sensación de saber que una pequeña vida depende de un puñado de cables que lo mantienen conectado a este mundo, es algo que uno no puede explicarse. ¿Cómo encontrarle explicación a que una vida tan pequeña tenga que estar pasando por eso? ¿Cómo descifrar ese misterio? ¿Cómo no pensar que es un castigo? ¿Cómo no sufrir? ¿Cómo sentir por el mundo y por el universo ante algo como eso?

Por aquellos años, mi relación con Dios era bastante platónica, pero paradójicamente y a la vez, un tanto familiar.

Muchas veces, cuando Ricardo Andrés se enfermaba, junto con Marlene, solíamos pedirle a Dios que lo sanara. No sé exactamente por qué lo hacía, quizás porque sentía cierta paz al hacerlo o porque veía que el niño mejoraba luego de la oración. Nunca se me ocurría pedirle a algún santo que me hiciera el favor. A lo mejor porque estaba acostumbrado a tratar directamente con varios artistas colegas, políticos y autoridades, quizás por eso, inconscientemente, nunca recurrí a los intermediarios ni a los asistentes, cuando sentía que podía hablar directamente con Dios.

Ahora estaba en un pequeño cuarto, frente a un niño inconsciente en una diminuta cama. Supongo que imaginé que podíamos orar como lo hacíamos con Marlene por nuestro hijo.

—Bueno— traté de hilvanar con la voz quebrada— ¿quisieran ustedes que hiciéramos una oración a Dios por Mauricio?

Los padres me miraron entre asombrados y perplejos. Era raro para ellos verme en aquel lugar y mucho más pidiéndoles orar por el niño. Pero decidido ante la circunstancia me dejé llevar por lo que hasta ese momento era un llamado del corazón.

La madre asintió en silencio con gesto de resignación. Coloqué mis manos sobre una de las piernitas de Mauricio y traté de improvisar algo

**Él me encontró a mí.**

medianamente parecido a una oración. Recuerdo haber inclinado mi rostro, recuerdo haber sentido algo extrañamente diferente sucediendo ahí. Más adelante iba a poder ponerle nombre y apellido a esa experiencia. Más adelante iba a tener la capacidad de entender que el mismo Espíritu Santo había seguido mis pasos y había entrado justo antes que se cerrara la puerta. Sólo dije en voz alta que estábamos seguros de que Él podía hacerlo, no dije mucho más que eso. Algo extraño le quitó el gris a las paredes, y a los semblantes, era como si teniendo los ojos cerrados hubiéramos entrado en ese minuto a una dimensión desconocida pero, claro... ¿qué iba a entender qué sucedió? Luego entendería que yo no lo encontré a Él, sino que Él me encontró a mí. Dibujé una tímida sonrisa, me despedí de los padres y me abrí paso entre casi una veintena del personal que me esperaba afuera del diminuto cuarto. Caminaba como si estuviera pisando entre plumas, como si me hubiera despertado de una interminable siesta. Seguridad, productores y algunos curiosos parecían que sólo estorbaban mi paso para salir de allí. Llegué al hotel. Lloré hasta agotar un cántaro gigantesco de lágrimas, no sabía qué me pasaba. Se mezclaba la congoja con la tristeza y un inédito agradecimiento.

—Marlene —dije con la voz aún entrecortada por teléfono—, acabo de vivir una historia muy fuerte. Hace unos minutos regresé del hospital público de Montevideo, subí a la terapia intensiva y junto a una pareja de padres pedí a Dios por la salud de su pequeño de un año que estaba a punto de morir. Sé que Dios lo sanará, no me preguntes por qué, pero lo sé.

—¿Que hiciste qué? ¿Estás seguro? —me preguntó perpleja.

—Muy seguro, amor. Dios puede hacer ese milagro. Y es más, creo que ya lo hizo—. ¿Recuerdas que desde hace meses estamos tratando de elegir el nombre de nuestro hijo que viene en camino? Me gustaría que se llamara igual, Mauricio. Sentí algo muy especial en lo que sucedió hoy, no te puedo explicar exactamente qué.

No sé qué le cruzó por la mente a Marlene o si realmente creyó lo que le estaba diciendo o simplemente como toda mujer embarazada, se dejó llevar por su propia sensibilidad, empujada por un esposo aún aturdido que parecía que había perdido su juicio cabal.

—Bueno —contestó resignada y sorprendida— si es el nombre que a ti te gusta, entonces se llamará Mauricio.

Aquella noche, el concierto tuvo un sabor y un tono distinto. La gente que llenaba las gradas del estadio no entendía bien lo que contaba desde el micrófono en medio de mi presentación.

«Hoy le pedí a Dios por un niño uruguayo llamado Mauricio, que estaba a punto de morir», dije con la audacia de un predicador. «¡Y estoy seguro de que Dios ya ha hecho el milagro!»

La multitud estalló en un aplauso cerrado y el concierto fue, hasta el día de hoy, inolvidable.

En una de mis tantas vueltas a Uruguay, hablando con María, la madre del niño, recibiría la inesperada confirmación del milagro. Exactamente a la misma hora del concierto de aquella noche, quizás en el momento en que yo contaba la historia frente a miles de personas, Mauricio comenzaba a bostezar, un reflejo que mostraba que algo había comenzado a ocurrir, obviamente nadie bosteza dormido o estando inconsciente.

«¡Mauricio acaba de bostezar!», gritó María saliendo al pasillo del hospital.

«Ay madre», le dijo una enfermera colocando la mano sobre su hombro, «es normal que de tantas ganas de ver a tu hijo bien, te imagines cosas. Por tu salud emocional, tienes que dejarlo ir, él no va a regresar».

Por fortuna, la enfermera estaba equivocada. Esa noche Dios tuvo la última palabra. Mientras yo cantaba y contaba mi experiencia en el Pereira Rossell de unas horas antes, el mismo Dios había preparado su propio desenlace y su propio espectáculo. Pocas horas después, Mauricio abría los ojos y unas semanas más tarde, cuando ya mi visita era sólo un recuerdo, regresaba a su hogar, junto a sus padres.

Aunque en aquel momento no podía explicar qué había ocurrido, regresé a Venezuela con la sensación y la certeza de que en aquel cuartito gris con la pintura descascarada había sucedido un milagro que ninguna cámara había registrado.

Al regresar a casa, algo había cambiado en mi interior. No lo sabía exactamente, pero necesitaba enfocar mi vida de una manera distinta.

¿Por qué razón un artista que está en la cima de su éxito decide pedirle a Dios deliberadamente por la sanidad de un niño que acaba de conocer?

¿Qué había hecho que me desviara del camino al hotel para subir cinco pisos por la escalera de un caluroso hospital?

No sabía las respuestas pero, en efecto, sabía dónde encontrarlas. Marlene me había hablado de Jesucristo en más de una ocasión.

Lleguéé a mi hogar conmovido hasta el alma y esa misma noche, en la tranquilidad de mi casa hice una oración diferente a la que había hecho en Uruguay. Esta vez no le pedí por Mauricio, ni por ningún otro niño.

«Quiero conocerte», le dije, «quiero que realmente vivas en mi corazón».

Marlene, su amiga Lichi Ramos —que había sido su guía espiritual— y este audaz cantautor que se atrevió a pedir un milagro de vida, terminamos de rodillas, llorando junto a la

> **Había sucedido un milagro que ninguna cámara había registrado.**

chimenea. Fue el segundo gran milagro en menos de cuarenta y ocho horas. El primero fue el de un niño desahuciado por los médicos, el segundo el de un hombre que supuestamente ya había arribado a la cima del cielo.

⁓

A los pocos meses, nació mi hijo Mauricio Alberto, y se adelantó en el tiempo. Nació prematuro porque no estaba recibiendo suficiente alimento dentro de la placenta. Luego de terminar un multitudinario concierto en Puerto Rico en el Estadio Hiram Bithorn, estábamos Marlene y yo cenando con gente de la prensa internacional y hubo que ingresarla de emergencia porque mi Mauricio —de apenas cinco meses de gestación— quería nacer. El doctor Cano, nuestro amigo de Puerto Rico, logró poner los niveles de riesgo casi a la normalidad. Viajamos a Venezuela e inmediatamente Mauricio Alberto nacía con apenas un kilogramo de peso. Una semana estuvo Marlene con el niño recién nacido. Luego de eso ella solicitó un permiso especial para quedarse junto al niño en terapia intensiva, en una camita al lado de su cuna. Marlene lo pudo amamantar tres días, pero empezó a perder peso, y entonces hubo que darle leche con biberón.

⁓

Estuvo veintitrés días internado en la unidad de cuidados intensivos neonatales de la Clínica Metropolitana, hasta que pudimos llevarlo a casa. Literalmente cabía en la palma de mi mano. Todos los días, cada tres horas, sacábamos la leche de los pechos de Marlene y corríamos a la clínica a llevarla para que Mauricio se alimentara. Al día veintitrés de su ingreso a terapia intensiva la sensación era de impotencia. No era lógico, no era normal todo los que nos estaba pasando con el bebé. Fueron interminables horas, días. Nos anulamos como personas. No pensábamos en otra cosa, no existía otra cosa que no fuese la idea fija de la recuperación de nuestro hijo. Pero era imposible en mi corazón no esperar un nuevo milagro luego de lo que había ocurrido en Montevideo. A pesar de ello sentía un incontrolable temor y una incertidumbre convertida en culpa por no saber si, sin querer, había trasladado el dolor de aquel niño de Uruguay a la cuna de mi hijo en Caracas; o el dolor de aquellos padres jóvenes inexpertos, al corazón de estos recién llegados al camino del Señor. Sin embargo, un tercer milagro ocurrió. Dios lo había hecho otra vez mientras mi relación con Él se afianzaba en el correr de esas semanas. Mi Mauricio, nuestro Mauricio, comenzó a engordar y a fortalecer sus pulmones y justo ese día veintitrés Marlene y yo salíamos triunfantes y victoriosos de la recepción de la Clínica Metropolitana con Mauricio Alberto en brazos. Hoy mi hijo Mauricio tiene quince años, es baterista, cantante y compositor, y junto a sus hermanos, heredó el amor por el arte y la música, y es feliz. Junto con cada uno de mis hijos y mi esposa, somos una familia cristiana dedicada al servicio al Señor a través de nuestro ministerio La Ventana de los Cielos.

> **La cruz no es algo «que nos toque por desgracia».**

Como les contaba hace poco, quince años más tarde, regresé a Montevideo y logré dar con la madre de Mauricio. Alguien de mi equipo consiguió su número telefónico. Su esposo ya no es aquel novio adorable y ella espera que se vaya definitivamente de su hogar. Aún vive en medio del campo, inmersa en la nada, a kilómetros de la gran ciudad. Trabaja la tierra, siembra y recoge hortalizas, hace todo orgánico. Mientras tanto, Mauricio está sentado en una silla de ruedas, ha crecido bastante, esboza una sonrisa cuando mira a su madre y responde al estímulo de María.

«El simple hecho de que me sonría, Ricardo, y que esté vivo, es un milagro», me expresa con una sonrisa franca la mamá, «es mi bebé, aunque ya tenga casi diecisiete años». Me dice que no me contó algo en ese tiempo que necesitaba decirme. Que el día que visité esa sala gris del hospital, ella se había despedido de su Mauri. Creo que valoré aun más ese momento, después de lo que me confesó.

Le dije que le conseguiríamos una nueva silla de ruedas, terapias para el muchacho, enfermeras que la ayudaran y hasta un abogado que se ocupara del caso acerca de la negligencia del hospital, que bien pudo haber evitado que Mauricio y su familia atravesaran ese trance tan difícil.

—He esperado este milagro durante todos estos años —me confiesa.

—¿El milagro de Mauricio? ¿Acaso no está vivo?

—¡Claro que sí! Eso ya ocurrió hace tiempo, he estado esperando el milagro de que algún día aparecieras otra vez. En lo profundo de mi corazón sabía que algún día tratarías de buscarnos y regresarías. Necesitaba contarte que Mauricio estaba vivo. No sabes cómo he esperado esta llamada.

Me emocioné mucho y le recomendé que consiguiera una Biblia y que hallara una iglesia cristiana.

—Ya va siendo hora de que te enteres que el único y verdadero hacedor de milagros es Dios y el que merece todo el mérito y toda la gloria.

⌒

Hace poco, en el aeropuerto de Miami, decidí comprar unos chicles. La señora que me atendió me felicitó por la obra social que estamos realizando con la Fundación La Ventana de los Cielos y luego me confió que su hijo es autista.

«Sólo le ruego a Dios una cosa: que me dé paciencia para cargar esta cruz», dijo resignada.

Fue entonces que me percaté de que cuando Cristo mencionó: «Quien quiera seguirme, tome su cruz y sígame», hablaba de algo opcional, una cruz que bien podrías tomar o dejar, y tener a un hijo enfermo no es una decisión que un padre pueda tomar.

La cruz no es algo «que nos toque por desgracia» o que la vida te haya impuesto, eso no es una cruz. La cruz es algo que se elige, como lo hizo el mismísimo Señor.

Puedes evitarla, pero la cargas.

Nadie te obliga, pero decides llevarla al hombro.

Puedes pasarla por alto, si así lo deseas.

Es más, yo podría resolver mi vida y mi carrera de mejor manera renunciando a la fundación. No más problemas ajenos, no más sufrir por niños que no conozco y que quizá nunca más volveré a ver.

No disfruto asumir los altos presupuestos que me demanda semejante proyecto, no me fascina el hecho de saber que no puedo detenerme porque decenas de niños dependen de la ayuda que podamos darle.

Una parte de mí, quizás la más oscura que en algún punto todos tenemos, quisiera abstraerse del mundo, y hacer como otros tantos, no mirar, no sentir, no comprometerse, no tener la carga de ayudarlos, pero me es humanamente imposible.

Esa es una cruz que se disfruta a pesar del sacrificio que conlleva. Una cruz que decido cargar con alegría cada mañana de mi vida, junto a Marlene y los niños.

Podemos mirar hacia otro lado en la luz de un semáforo para no ver al niño que pide monedas a cambio de limpiar el vidrio de nuestro automóvil. Podemos evitar cargar la cruz de saber que en esas latitas o bolsas de nylon lleva pegamento que de algún modo le hará olvidar que tiene hambre. Podemos levantar los vidrios polarizados y subir el volumen de la música. No estamos obligados a mirar, ni a cargar ese tipo de cruces ajenas.

Así que, mi estimada señora, no se confunda. Comprendo su dolor y casi puedo sentir lo que está pasando, pero el tener un hijo con problemas de autismo, hidrocefalia o síndrome de Down no es una cruz, es una oportunidad para un nuevo milagro.

—Mi querida —le dije a la mujer que me atendía en el aeropuerto— no le pida a Dios más paciencia. Ni le pida ayuda para llevar «la cruz». Pídale por el niño, déle la opción de un milagro.

—¿Tú crees que aún haya esperanza? —me preguntó incrédula.

Hice una pausa para no reírme y que no le pareciera irrespetuoso ni mucho menos. En el mismo instante, vi reflejada en esa mujer a la enfermera

**Quien me acercó a Dios fue un pequeño predicador de apenas un año.**

que apoyó su mano sobre el hombro de la madre de Mauricio y le dijo que alucinaba cuando lo vio bostezar.

—Claro que hay esperanza, mujer, Dios siempre tiene la última palabra.

A veces los periodistas, en el afán de investigar y descubrir algo nuevo tratan de buscar cuándo fue que cambié mi modo de vivir de manera definitiva. Quién fue la persona que logró que yo no pudiera dejar de hablar de Jesucristo en cada concierto y de los milagros cotidianos en cada entrevista o conferencia de prensa.

No busquen más, no fue un gurú, un pastor famoso, un telepredicador ni un carismático cura. Tampoco fue un viaje místico a la India o un libro de autoayuda de veinte dólares. Mi estilo de vida no es el resultado de un brote místico o una vía de escape de la fama.

Quien me acercó definitivamente a Dios fue un pequeño predicador de apenas un año, conectado a una decena de cablecitos, en un lúgubre y caluroso hospital de Montevideo.

# Un milagro
# llamado Mauricio

## Carta de la mamá de Mauricio

Hola como estas soy la mamá de
Mauricio. Te cuento que él Mauri ya el
28 de agosto cumple 16 años, no lo
puedo "creer" o diré que dentro de todo
está "bien" tiene dolores en las piernas
y cadera pasa mucho acostado ya
que sentado es difícil por que la
sillita no es la adecuada para él
pero en fin lo tengo conmigo y es lo
que importa. Es imposible llevartelo
¡para que lo veas! Siempre te tenemos
presente y te vemos en la tele y le
digo al Mauri mira tu tío Ricardo
y el mira no se si entiende quisos
en su mundo el te recuerda. Quisiera
pederte que si en tus posibilidades
podes ayudar de alguna manera
ó forma posible a niños como él no

sabes lo que necesitan es muy duro
para ellos y la familia no se si me
entendes pero como papá de familia
ponete en el lugar mío. Te mando un
Beso y un fuerte abrazo de parte
de Mauri y mío para toda tú
flia.

te queremos Mª Esther Rodríguez

Esta carta te llega gracias a tus fans
Hijos de el sol

# Repertorio para enamorados
# sin tiempo para pensar en estas cosas

...No alcanzan mil sonrisas,
si una lágrima hace un mar de llanto.

...Créeme tu héroe, aunque me veas llorando... y descalzo.

...Fabrícate los sueños que te dé la gana conmigo,
¡que yo me encargo de hacértelos posibles!

...Frótame la espalda, que me duele soportar
el peso de tanto amor.

...¡¡Súbete y cabálgame hasta donde ya no veas llanura!!

...Me lleno de nervio cuando te espero y no llegas...
pero me tranquiliza saberte mía y posible.

...Rómpeme los labios a fuerza de besos
y cúrame las distancias, Acércate...

...Acaricia mi angustia y conviértela en cielo...

...Se hace largo el viaje de regreso... claro,
voy a tu encuentro.

Si el sofá de rayas hablara, ¡tendría que declararme débil y
devoto en mi amor a una sola!... Mientras esté callado, yo
guardo el secreto de lo pequeño que soy y de lo grande que me
pongo cuando contemplas mis ojos inundados.

¡Todo aquel que escribe mensajes en el espejo declarando amor,
debería ver el reflejo de su cara mientras lo hace!

# El día que crucé miradas con Cristo

EL AMOR LLEGÓ SIN ENVOLTORIO Y SIN
manual de instrucciones. El amor llega crudo y desnudo. Uno se
encarga de vestirlo y abrigarlo para que no se enferme. Por amor,
uno comió de la fruta prohibida hasta el cabito y las semillas. Si en
el mundo hubiera más enamorados la manzana sería una fruta en
extinción. Si el amor engorda, entonces toda la gente de los
cuadros de Botero está enamorada. Si el amor quita el hambre y
enflaquece, entonces Gandhi, la madre Teresa, Bolívar y el
Quijote tienen mucho que contar sobre
el amor. Si al amor te sonroja, entonces
la gente del páramo andino ha vivido
siempre enamorada. Si el amor
empalidece, entonces Cristo amó hasta
hacerse transparente. Si el amor
traspasa fronteras, entonces el de los
astronautas es más amor que el de los
demás. Si el amor le da color a la vida, entonces sería tonto decir
que es ciego. Si en cada rincón del planeta se le hace propaganda

> El amor llegó sin
> envoltorio
> y sin manual de
> instrucciones.

al amor, creo entonces que quien le hace la campaña de *marketing* a la guerra y a la muerte lleva la delantera y ocupa gran parte del mercado de consumo. Quien intente filosofar sobre el amor corre el riesgo de hacer el ridículo. Llevo años en eso.

～

Ella conocía al Señor, y me era extraña y fascinante, pero por sobre todas las cosas, imposible. Su destino y el mío parecían trazados con escalímetro por carreteras absolutamente contrarias. Nada ni nadie podrían imaginar que al mismo momento en que «Yo que te amé», hacía de mi comienzo una historia; la vería a los ojos y me quedaría con ellos... y con todo su resto. Y que fueran sus ojos lo que me llevarían a conocer del Rey más adelante. Ese fue el día que crucé miradas con Cristo.

No voy a contarles ahora en detalle los comienzos de nuestra relación, creo que eso merecería un libro completo y con final feliz. Sólo les adelanto que de repente comenzó a llover una noche cuando estábamos a punto de emprender el regreso por carretera, luego de filmar mi primer *videoclip* con ella. Las luces de los autos ya estaban encendidas, ella estaba apoyada sobre el capó de uno de ellos, esperando a que todo el equipo subiera a los respectivos vehículos para arrancar en caravana. Algo sucedió entre las gotas de lluvia proyectadas a través de los halos de luces que dejaban todos los autos encendidos, algo sucedió con su figura al trasluz apoyada en el auto y con mi lento caminar hacia donde ella estaba. No hizo falta ni siquiera una palabra, no nos pusimos de acuerdo. No lo habíamos premeditado, no hubo intermediarios, solamente una

～

**Creo que le debo todo a ella.**

～

mirada fija de ella hacia mí y mía hacia ella. Ahí me encontré con su boca la primera vez. Y hasta el día de hoy, he vivido con su boca y con toda ella. No me pregunten por qué, pero jamás nos separamos. Estamos pegados como si mi vida y la de ella dependieran una de la otra. No sé si ella piensa igual que yo, pero mi vida no tendría sentido si no estuviera a mi lado.

———

Al cabo de un par de años, Marlene y yo formalizábamos nuestra relación y nos casábamos bajo las estrellas en el oriente de Venezuela en las playas de Puerto La Cruz. No recordaba que alguna vez había estado casado, sentí que lo que estaba haciendo aquella tarde a las seis y media en la arena era algo inédito. Nuestro matrimonio lleva ya veinte años, tuvimos tres hijos y criamos dos más. Cinco en total. Para que hoy mi vida se pueda considerar una de éxito, para que hoy mis sueños se hayan hechos realidad, todo tuvo que pasar después de conocer a Marlene. Nada de lo que tengo hoy, nada de lo que soy hoy hubiese sido posible si ella no hubiera estado a mi lado. No hubiera tenido la capacidad de ir amoldándome como para hacer de mí el hombre que soy hoy. Creo que le debo todo a ella. Tener los hijos que tengo, tener el hogar que tengo, saberme un hombre de éxito, saberme un triunfador y por sobre todas las cosas haber conocido a Dios.

Posiblemente ella no lo sepa, ni lo haya capitalizado, pero pensar que yo conocí al Señor por ella, y por ella millones de personas han oído hablar de Dios, y posiblemente millones han sido tocadas en su corazón, gracias a Marlene. En todo caso, ella estará más cerca que yo en la cabecera de la mesa del Señor.

Y pensar que todo eso sucedió aquella tarde en la oficina, en la que por primera vez crucé miradas con Cristo.

# Aquella noche en la playa

Hasta ese momento, y a pesar de que antes había pisado la arena y supe de mojarme los pies en el mar, nunca me detuve a pensar en la inmensidad de los océanos, ni en la lejanía infinita de la raya del horizonte.

Jamás seguí un vuelo de gaviota porque no me daba cuenta que estaban allí, para mí. Solamente para mí y para quien yo decidiera regalarle alguna.

Nunca me puse a contar las estrellas como aquella noche en la playa. Iba por la número veintidós cuando a mi derecha, un aire tibio con olor a suspiro, una mirada llana con olor a azucena y unos labios nuevos como de primer beso, me interrumpieron la cuenta.

Y las vi a todas juntas, como a una bandada de gotas de lluvia corriendo en la ventana, como miles de chispas saltando en desorden cuando el leño arde, como ardía yo.

La creía gigante e impalpable como lo imposible, como su aura, y en el lento transcurrir de estos acelerados años, todavía me pregunto qué había de mí que le pudiera servir.

Aún no lo averiguo, pero dividió mi humanidad y mi historia como se dividió la de la humanidad con la llegada de Cristo.

Trazó una raya en el continente de mis emociones, como cuando América vio al primer marinero arrimarse a su orilla.

Le agregó constantes a mi voluble existencia.

Me inventó un diccionario de palabras de amor.

**Trazó una raya en el continente de mis emociones.**

Aprendí a decir: «Te amo», con conocimiento de causa, y dio un toquecito de hogar y chimenea a mi fuego apagado y mi olor a humedad.

Aprendí, gracias a ella, a fijarme en las partículas de polvo que proyecta el rayo de sol a través de la cortina, y si antes molestaba, ahora le da el porqué al amanecer y al desafinado canto de los loros en el mango.

Ella se preguntará por qué ahora, después de todos estos años me acuerdo y lo cuento.

Sucede que decidí decirle al capitán del avión que parara en una nube con forma de guirnalda, y me dejara bajar. Me preguntó: «¿Para qué?», le dije que quería estar solo, lejos de los ruidos, de la gente que llega cuando la quiero pensar. De imprudentes que llegan en el momento más inoportuno de mi nostalgia en ella. De instrucciones de vuelo y el estado del tiempo, de las cucharitas batiendo café, de las mismas películas y los mismos trayectos. No me dejó bajar, pero se me ocurrió volver a mi asiento, cerrar bien los ojos, hacerme el dormido y a la vez me dormí.

Se me fue volándola en la mente en reversa, hasta aquella noche de arena y estrellas de mudos susurros con ruidos de mar.

Me desperté... y despierto, aún puedo oler la sal y oír las chicharras.

Seguir a la gaviota. Sentir que estoy descalzo, caminando a su lado a través de todos estos años...

# ¿Cuál es el punto?

El punto es que de alguna manera el Señor me puso una etiqueta en la oreja y dijo: «A este lo quiero para mí». Bárbaro, ¿no?

Y yo sé, un pocoególatra también, y ¿qué hago? ¿Cómo lo manejo? Si me siento exclusivo. Si a mí el propio Dios, el Rey sobre todo rey, me reconoce, y me llama por mi nombre y mi apellido. Ha poblado el mismo Dios toda mi superficie de dones y amor.

De maravillas y maravillas.

Perdóname, no te me ofendas, no cierres el libro.

No me hagas eso.

# En el último lugar del mundo, luego de la cordillera

EL FESTIVAL INTERNACIONAL DE LA CANCIÓN de Viña del Mar es una competencia musical organizada anualmente durante el mes de febrero por la municipalidad de la ciudad de Viña del Mar, Chile.

El mejor congrio frito se come en la localidad de Concón. Y, para más exactitud, un mediodía en Don Chicho no puede ser más espectacular. Ese es mi refugio y ahí me puedes encontrar seguramente si algún día sabes que estoy por esos lados.

El Festival de Viña del Mar se emite desde 1960. Hispanoamérica entera lo ha considerado la ventana musical más importante en todo este tiempo y la catapulta o el despeñadero de muchos artistas. El evento, que se realiza en el anfiteatro de la Quinta Vergara con una capacidad que supera los quince mil espectadores, es transmitido a nivel nacional por televisión y por diversos medios de radiodifusión también. La prensa escrita y los programas de opinión se paralizan y se vuelven monotemáticos en tiempos del festival, en Chile no se habla de otra cosa en el verano. Aunque la competencia de canciones internacionales y folklóricas es el origen del acontecimiento, los artistas invitados son el plato fuerte del festival relegando al primero en cuanto a importancia mediática.

También para mí, es un sitio de miles de recuerdos. En 1991 pisé por primera vez la Quinta Vergara. «Me va a extrañar», «Tan enamorados», «Será», «Yo sin ti», «La cima del cielo» significaron parte del platillo en dos noches en las que público y artista eran uno solo. Hasta el día de hoy, todavía escucho el grito del monstruo.

¡Antorcha, antorcha, gaviota, gaviota!

Y cada mañana, cuando me siento como en este momento en mi despacho a escribir, a trabajar, a componer, a soñar... Cuando alguna mínima duda asalta mi corazón y cuando la alegría me acompaña, sólo tengo que mirar el estante de mi izquierda y veo las estatuillas... aún escucho esos gritos que se repiten una y otra vez en mi memoria y en cada latido de mi corazón.

Cada historia debe ser contada desde el inicio y esta no es la excepción. Por eso les comento que mi sueño y mi romance con Chile nació en 1991 cuando Antonio Vodanovic, a eso de las cuatro de la tarde del día del debut —seguro de que el susto no me dejaba ni comer— se acercó a mi habitación en el hotel O'Higgins y me ayudó a armar un contundente repertorio para que no hubiera dudas, para que en la noche, esa misma noche, el rugido del monstruo nos dejara sordos a todos. A él, a Antonio principalmente, a Manolo Olalquiaga, a Eduardo Canestrasi y a Jorge Ramírez. Y un poquito después a Jessica Sepúlveda, les debo esa primera oportunidad y esa experiencia inolvidable de aquellas noches de Viña. Dos noches del Viña del 1991.

⌒

Catorce años más tarde en la ciudad de Guayaquil, a mediados de octubre del 2004, me encontraba de gira por

Ecuador cuando la llamada de mi amigo, el empresario Jorge Ramírez, interrumpe mi siesta con una propuesta muy singular:

—Te vas a sorprender por la razón de esta llamada —dijo a modo de chiste—.

—¿Interrumpo algo? —preguntó.

—No, no te preocupes, sólo mi siesta, algo que guardo con extremo celo como un judío su *Sabbat*.

Ya muchas veces había coqueteado con la idea de tener mi propio programa de televisión. Un formato en el cual pudiera hacer bromas, invitar a mis amigos artistas y entregarle al público un cóctel distendido de secciones, ayudar a través de la televisión a los más necesitados, más bromas, más chistes y una buena reflexión para el alma. Con este antecedente, la llamada del empresario, lejos de ser casual, era casi una confirmación a aquel proyecto tantas veces diferido por otras obligaciones y una agenda que pocas veces me permite ciertos lujos.

Hacía apenas un mes habíamos estado negociando con un canal chileno por las mismas razones (Megavisión). El propio vicepresidente, un alto ejecutivo de esta cadena muy importante, había estado en mi casa convenciéndome como si hubiese que hacer un gran esfuerzo de que aceptara hacer un programa de televisión para Chile, una temporada corta. Tres meses solamente, algo que implicaría prácticamente una mudanza al país del congrio frito. Y luego de extensas tratativas, llegamos a un muy buen acuerdo en el plano artístico y, por supuesto, el económico. Por primera vez, iba a ver cristalizado mi sueño de tener mi propio programa de televisión.

Pero la alegría duró poco.

En la noche, luego de ultimar detalles, nos fuimos con mi *manager* y mi familia a festejar a un restaurante ubicado en South Beach. A las ocho de la mañana del día siguiente, un llamado de urgencia de nuestros abogados a Fernando, mi *manager*, lo puso al tanto de algunos cambios que harían que canceláramos el contrato: los representantes habían variado algunas cláusulas y detalles muy importantes del convenio, por lo que no nos convenía continuar ni seguir adelante con el proyecto. Aquí me detengo para pensar que de no haber sido por ese detalle, el contrato me hubiese amarrado por todo un año y el resto de esta historia no hubiese sucedido. Le dimos vuelta a la página y continuamos con una ajetreada agenda, aunque debo confesar que quedé con el sabor de algo no concretado, cuando estábamos transitando las instancias finales.

Ahora, un mes más tarde, el llamado de Jorge Ramírez al hotel de Guayaquil era algo así como el capítulo siguiente a aquel primer intento fallido por tecnicismos legales.

«Nos hemos quedado sin la conducción de Antonio», siguió Ramírez, y agregó casi en la misma frase, «pero antes de continuar, sólo necesito saber si hay agua en la piscina» (en términos de negocios, estaba usando esta metáfora para preguntarme si existía la posibilidad de considerar que yo fuera el nuevo conductor del «monstruo» de Viña).

Antonio Vodanovic fue la figura emblemática del festival por muchísimos años y era casi imposible concebir la idea de la Quinta Vergara sin su conducción. «Viña tiene festival», era su frase.

Tras veintinueve años en el rol de conductor. Sí, leíste bien, veintinueve años al frente del show más imponente de América, Antonio Vodanovic dejaba definitivamente el Festival de la Canción de Viña del Mar.

Y ahora, la producción de Canal 13, buscaba con urgencia a alguien que pudiera tomar la alternativa de animar el festival, dándole un nuevo carisma, una nueva propuesta, pero que a la vez continuara con el mismo nivel de las últimas tres décadas.

«Los directivos no sólo te conocen como cantante», continuó mi amigo, «sino que también te han visto conducir programas con Cecilia Bolocco y saben de tu capacidad para pararte frente a las cámaras y llevar adelante el festival en vivo».

Ahora a la distancia, recuerdo que hubo dos cosas que debí haber preguntado. Una de ellas era si ya les habían hecho la propuesta a otros conductores chilenos (que me consta que los hay muy buenos) y la segunda es por qué no le habían hecho la misma propuesta a Chayanne o a Ricky Martin, por ejemplo. Más tarde —cuando literalmente iba a ser muy tarde— me enteraría de que ninguno había querido ponerse semejante camiseta y cargar con tamaña responsabilidad. Lo que pedían era una tarea casi imposible para cualquier mortal: que reemplazara a un excelente conductor que estuvo allí por nada menos que casi treinta años.

De igual modo, y quizá por el fallido intento anterior de incursionar en la televisión chilena, me entusiasmó la idea.

Lo que se decidiera, debía ser lo más pronto posible, ya que estábamos en octubre, el festival es durante febrero y aún no tenían el rostro del conductor de Viña.

### Llegamos en victoria

Los días siguientes fueron bastante ajetreados, estábamos en plena gira y en medio de ocho conciertos consecutivos en el Luna Park de Buenos Aires, y mi presentación en la pista atlética de Santiago de Chile. Arreglamos una reunión personal en Argentina con Jorge Ramírez y Ricardo de la Fuente —el titular del festival— en un completo hermetismo para la prensa, ya que aún no podían trascender detalles, esencialmente por si no llegábamos a un acuerdo.

Finalmente nos encontramos en la cafetería del Hotel Alvear Palace de Buenos Aires. Ricardo de la Fuente, que me recibió con un afectuoso abrazo y entre refrescos, café y cigarrillos que se fumó en cantidades industriales, planteó la conversación de manera amistosa.

Debo reconocer que tanto Ricardo como la municipalidad de Viña del Mar no escatimaron esfuerzos económicos en contratarme, haciéndome sentir muy apreciado y, sobre todo, valorado.

Más de uno debe estar ahora pensando, ¿y cuánto le habrán pagado? Créanme que fue mucho.

Pero no fue el dinero ni el glamour que conlleva conducir un evento de semejante envergadura lo que me entusiasmó, sino el hecho de poder transmitir una palabra de fe y de Dios a tantas miles de personas alrededor de todo el planeta. Desde el mismo momento que Jorge Ramírez me hizo la propuesta, supe que la primera frase con la que abriría el Festival sería: «Llegamos en victoria» y «Dios bendiga a Viña del Mar». La palabra victoria para nosotros los cristianos tiene un significado muy importante y, para cualquier ciudadano de Chile, significaría que vinimos en un carro jalado por caballos que pasea turistas alrededor de la plaza principal de Viña. Esos carros son conocidos como victorias, yo aprovecharía esa palabra para —de manera disimulada— declarar la victoria de Cristo en el Festival de Viña del Mar.

Más de trescientas mil personas escucharían durante las seis noches las mismas dos frases. Ustedes se imaginan tanta gente al mismo tiempo escuchando una declaración tan importante como esta. ¡Uau! Desde el primer momento supe que tenía una misión que cumplir, que eso no era de ninguna manera una casualidad y que Dios seguía metiéndome por insospechados caminos y, como diría cualquier mortal... ¡en cuanto lío se le ocurría! Pero yo soy obediente compañeros, ¡cómo no hacer caso ante algo tan obvio como esto! ¿Qué hacía yo, un cantautor maracucho, animando Viña del Mar? ¿Quién me lo iba a decir? ¿Cómo no lo iba a hacer?

¡En qué lío me metí!

～

La reunión duró casi tres horas. Fernando Castellar, mi manager, se quedó ultimando algunos detalles, pero antes de retirarme, decidimos que íbamos a reunirnos veinte días más tarde en Santiago, exactamente el 19 de octubre, día de mi concierto en la pista atlética para firmar los contratos. Esa misma tarde del 19 de octubre, Ricardo de la Fuente llamaría a Miami a quien sería la imagen femenina, Miriam Hernández, ella viajaría de incógnito esa misma noche para amanecer a la mañana siguiente en Santiago. La directiva de Canal 13 convocó a los medios nacionales e internacionales para dar la gran noticia.

～

¡*Habemus* conductor, Viña 2005 tiene conductor!

En secreto, en las instalaciones de Canal 13, de manera muy discreta, la directora ejecutiva Eliana Rosas y Ricardo de la Fuente me recibían en el piso ejecutivo.

«Estamos felices de que hayas aceptado este reto», me agradecía un eufórico De la Fuente.

Inmediatamente bajamos a la terraza del canal, donde no menos de sesenta periodistas esperaban impacientes por saber quién sería el nuevo conductor. Miriam Hernández, a quien aún no había podido saludar, fue a quien correspondió dar el anuncio al público. El hermetismo había dado buenos resultados. Hasta ese momento, aun cuando la noche anterior había ofrecido un multitudinario concierto en Santiago, no se había filtrado quién sería el reemplazante de Antonio.

Apenas Miriam terminó de pronunciar mi nombre, estallaron miles de *flashes* fotográficos, y el asombro y la sorpresa fueron generalizados. Desde CNN, Univisión y las cadenas más importantes de América, se hicieron eco de la noticia que en pocos minutos sería replicada alrededor del mundo.

Ahora sí, ya era una realidad y no había vuelta atrás. Viña del Mar tenía nuevo conductor y se llamaba Ricardo Montaner.

~

Mi tormenta perfecta estaba por comenzar.

Nada hubiese podido presagiar que se avecinaban días muy grises. Nunca habríamos imaginado que me esperaba un tortuoso y largo camino de piedras y que algunas intentarían lastimarme hasta el alma. Sabemos que la prensa de espectáculos se caracteriza por ser muy frontal y suele transitar los rieles de la acidez como parte de la rutina periodística. Al inicio, los medios chilenos sólo se preguntaban la razón por la cual no habían escogido a un conductor local. Pero a medida que irían pasando los días, me encontraría en medio de una guerra mediática sin piedad ni tregua.

Al firmar el contrato propuse que intervendría de manera directa y podría opinar acerca de la producción. Recuerdo la sesión fotográfica que hicimos para las carteleras que iban a estar en las grandes pantallas, y en las miles de vallas de todo Chile. Me propuse intervenir directamente para ver de qué manera podía contribuir con mi experiencia como artista, así que logré hacer coincidir varias instituciones para que aportaran en beneficio del Festival. Introduje la posibilidad de que los Premios Grammy se involucraran con el Festival de Viña y que armaran algún tipo de actividades alrededor de los premios. Invitamos a su presidente, Gabriel Abaroa, a participar como presidente del jurado, logramos un convenio con la cadena CNN en español para tener una mejor cobertura del evento. Entre otros detalles, los principales canales de televisión de América Latina transmitirían en vivo las incidencias del Festival, Televisa en México, Venevisión en Venezuela, por nombrar algunos.

Los pasos que dimos desde mi oficina de Miami fueron logros muy importantes en beneficio del Festival. Logramos que toda la prensa continental lo cubriera como una prioridad. Además, propuse erradicar el uso de las tarjetas leídas a mano e importar un sistema avanzado de *teleprompter* lo cual nos permitiría a Miriam y a mí leer sin dejar de mirar las cámaras, y hasta un sistema de intercomunicación con el director Ricardo de la Fuente, que nos permitiría ir corrigiendo sobre la marcha y recibir alguna instrucción especial. Eso nos daba la posibilidad de caminar por todo el escenario sin estar esclavizados al cartoncito. También propuse eliminar la noche chilena, que era una de las del Festival dedicada especialmente al talento local. Esto a mi entender era contraproducente para el artista chileno mismo, ya que las cadenas internacionales editaban ese día por completo y transmitían los cinco días restantes. Le sugerí al director diluir esa noche durante las seis emisiones, cosa que dio un gran resultado.

Los artistas chilenos como Alberto Plaza y Lucho Jara, entre otros, fueron de los más aplaudidos. Nada de lo anterior pesaría a mi favor para suavizar la tormenta que viví.

Estuve muy tranquilo y con mucho trabajo hasta el mes de febrero, cuando comencé a notar que en algunos medios de comunicación chilenos volvían a cuestionar mi calidad de foráneo como animador.

El mediodía del 12 de febrero, cuando estábamos casi listos con mi equipo para volar a Santiago de Chile, hice una llamada a alguien que siempre he considerado mi amigo e icono del profesionalismo, además de ser quizás el comunicador más importante de todo el continente, Mario Kreutzberger, mejor conocido como Don Francisco. Sería una locura que dedicara algunas líneas para contar de quién se trata.

—Hola Don Mario, ¿cómo está?, me imagino que debe estar enterado de que seré el nuevo conductor de Viña del Mar y que se debe preguntar lo mismo que yo y que se pregunta mucha gente: ¿desde cuándo soy yo animador?, cuando reconozco que lo único que he animado en mi vida son las fiestas de mis hijos. Pues lo estoy llamando para que, como dirían en México, me dé la patadita de la buena suerte y me desee mucho éxito.

Luego de contarle lo que había sucedido y de mi inminente viaje a Chile, me dijo con su voz característica:

—Quiero que vayas y que tengas mucho éxito, claro que sí, pero debo advertirte algo Ricardo, la vas a pasar muy mal... Te van a reventar.

—¿Cómo? ¿Qué significa exactamente «la voy a pasar mal»?

—Bueno, lo que intento decirte es que trates de no leer los periódicos mientras estés allá.

—¿A qué se debe una frase «tan animada», maestro? —le pregunté incrédulo.

—Mira, si les sigues el juego y entras en lo mismo que ellos, la vas a pasar muy mal, por eso trata de no leer los periódicos. La prensa en mi país es un periodismo que un día te ama y al otro te odia. Sólo ten cuidado, eso es todo.

∽

Quizás lo que más me sorprendió no fue su respuesta sino la inmediatez de la misma, prácticamente ni lo pensó, es como si Don Mario estuviese esperando mi llamada. Me puse nervioso, aunque ya lo estaba, pero ahora lo estaba más. Se lo hice saber y me repitió: «No te debe extrañar, son así; si te conviertes en carne apetecible, te van a devorar»... y vaya que lo hicieron. La conversación me pegó fuerte en el corazón porque, en efecto, no estoy acostumbrado a ese tipo de prensa. Al día de hoy, en que Don Mario se ha convertido en uno de mis mejores compañeros de charlas, todavía recordamos como una anécdota y como una gran verdad lo que me dijo aquella tarde.

Durante el viaje, decidí contarles de la plática con Don Francisco al equipo que viajaba conmigo y ellos —supongo que en el afán de protegerme— decidieron ocultarme todos los periódicos y revistas especializadas en espectáculo. De igual modo, me las arreglaba para conseguirlos, amenacé de «muerte» a mi hermano, primo y amigo Fabián Ferreiro y lo obligaba a que me consiguiera los periódicos de cualquier manera, por lo que se las ingeniaba para traérmelos. Según me contaba, solía escaparse a eso de las cuatro de la mañana del hotel cuando ya a los puestos de revistas empezaban a llegar los periódicos matutinos. Llegaba como si estuviera escapando de la justicia e introducía los periódicos por debajo de mi puerta para que cuando me despertara a la llegada del café mañanero los tuviera todos allí. ¡Para sufrir bastante! ¡Para martirizarme bastante! ¡Para auto flagelarme!

Nos hospedamos en un hotel espectacular en Viña del Mar y, por los siguientes once días, nunca más dejé de tener lentes ni *flashes* de cámaras en mi frente. Mi vida se convirtió en un calvario mediático, en la que todas y cada una de las cosas que hacía, eran observadas como en un inmenso y patético *reality show*.

Logramos un excelente equipo con Miriam, pero mientras tanto se especulaba que estábamos peleados, enemistados a morir, con crisis de celos profesionales, etc. Miriam había tarareado en público una canción mía dedicada a Antonio: «Te voy a extrañar» y los periodistas usaron esa declaración como una afirmación implícita de que «ella no estaba de acuerdo con mi participación».

La prensa comenzó a ponerse más implacable con el correr de las horas. El escándalo y las notas bizarras parecían que tomaban el control del efecto colateral del Festival.

Marlene, mi pastor Marcelo Fattore —de la iglesia de Miami— y el pastor Leandro —de la iglesia en Buenos Aires— decidieron viajar para apoyarme espiritualmente. Muchos pastores de Chile también comenzaron a orar por mí, al enterarse de las noticias a diario y de la manera en que el periodismo local me estaba tratando. Fue uno de esos pastores chilenos el que me hizo un relato que literalmente erizó mi piel. Me dijo que hacía exactamente un año, un importante predicador brasileño había pasado por Viña del Mar.

«Como es mi costumbre», me dijo, «lo llevé a recorrer los lugares más emblemáticos de la ciudad y, al pasar frente a las puertas principales de la Quinta Vergara, frené mi coche y le comenté que había un anfiteatro muy conocido que aforaba más de quince mil personas y donde se realizaba un festival de música muy importante todos los veranos», continuó el pastor diciéndome. «Cuando frené mi coche, el predicador cerró los ojos como si algo estuviera pasando en su corazón , como si estuviera escuchando una voz, y me dijo: "He sentido del Señor que en este lugar se parará un hombre que gritará la gloria de Dios en alto, y ese grito se oirá en lugares insospechados, eso va a pasar pronto. Va a ser una persona proveniente de otras tierras, y Dios sonreirá porque el nombre de su Hijo será pronunciado en voz alta"».

Hasta el día de hoy siento el gran impacto de aquello. Él nunca dijo que eso iba a ser fácil, sólo dijo que alguien de otras tierras iba a venir a gritar la gloria de Dios. Nunca dijo todo lo que iba a pasar por mi corazón, por mi mente ni por mi propio lomo antes de dar ese grito.

───

Aunque esas palabras del pastor Lucas Márquez eran alentadoras, el periodismo continuaba de manera hostil, como si se tratara de una batalla contra mi persona.

Finalmente, llegó el día previo a la noche inaugural del Festival. Esa mañana volví a arreglármelas para leer los periódicos locales, nada parecía cambiar, o mejor dicho, todo empeoraba. Todo se veía como si fuese un gran error haber aceptado la propuesta de la conducción del evento.

Cerca del mediodía de ese día recibí una llamada a los teléfonos del hotel. Era Dante Gebel, un amigo desconocido hasta ese momento. Dante era un reconocido motivador y conferencista, y Marlene ya me había hecho escuchar varias de sus impresionantes charlas. Es más, ella colecciona los discos compactos con sus predicaciones. Recuerdo una en particular, en la que Dante cuenta cómo conquistó el corazón de Liliana, su esposa, y confiesa que le cantaba «Tan enamorados». Cuando ella le preguntaba de dónde había sacado tan bella canción, él le decía: «Es de un hombre de Dios, un adorador llamado Ricardo Montaner».

Eso me hizo reír mucho y siempre tuve gran curiosidad por conocerlo. En efecto, varias veces estando en Buenos Aires intentamos buscarlo y no pudimos dar con él. Ahora, estaba al otro lado del teléfono... y de la cordillera.

—Hola Ricardo —me dijo—, te estoy buscando desde hace unos meses porque tengo una palabra venida de Dios para darte.

En el momento, y en medio de semejante crisis, le sugerí que podríamos vernos a mi regreso a Miami, una vez que la tormenta hubiera pasado. Pero Dante no se dejó convencer.

—Sólo necesito verte diez minutos, dime que sí, y vuelo a Santiago mañana mismo —insistió— no te quitaré más tiempo que eso. Te digo lo que tengo que decirte y me regreso.

—¿Es tan urgente? —le pregunté—, porque mañana inicia el Festival y la verdad, Dante, no tengo cabeza para nada. Si no es urgente, podemos arreglar una reunión en Miami, pues también tengo ganas de conocerte —le dije.

—Preferiría no esperar, sé que tengo que decírtelo ahora y personalmente, sólo diez minutos, no necesitamos más.

En ese momento pensé que podía ser la respuesta a nuestras oraciones, que Dios estaba enviándolo al rescate y no podía darme el lujo de subestimarlo ni de posponerlo.

Al día siguiente, Dante se subió al primer vuelo desde Buenos Aires, rentó un automóvil en Santiago y manejó hasta Viña sólo para una breve entrevista en la que me diría aquello que había guardado por meses.

Ahora que recuerdo esos días de manera puntual, si Dante no me hubiese dado aquella palabra, quizá jamás habría salido airoso de aquel lugar. Primero nos reunimos en la cafetería donde me encontraba cuando él llegó, allí estaban varios de mi equipo, pero de inmediato subimos a la habitación para que Dante hablara a solas con nosotros. Sólo Marlene y yo.

A partir de todo lo que Dante me comentó —fue bastante directo y preciso— he visto que todos los pasos que he dado, han sido guiados por esa palabra que Dios me dio a través de él. Si bien yo había dado muchos pasos de fe antes del 2005, jamás los había dado como los doy desde ese año, luego que Dios me diera aquella palabra.

Y lo hizo a través de un ejemplo del pueblo de Israel cuando cruzaba el desierto.

> **Dios estará detrás,
> en cada palabra,
> en cada detalle,
> en cada momento.**

—Ricardo —me dijo—, Moisés caminó durante cuarenta años siguiendo la nube de Dios. Dios delante y él detrás. Pero Josué ya no tuvo nubes que lo guiaran. Sólo aquella promesa que decía: «Sé fuerte y valiente» (Josué 1.6), «Yo te seguiré dondequiera que vayas» (Josué 1.9). Pregúntate: ¿quién sigue a quien en este caso?

—Dios sigue a Josué —respondí entusiasmado.

—Claro, es más, le dijo—: «Te daré todo lugar que pise la planta de tu pie», Ricardo, tú decides qué quieres tomar y en qué cantidad. No busques a Dios delante de ti, Él está detrás, siguiéndote. Los que seguían a Moisés eran turistas, pero los que seguían a Josué iban en calidad de soldados.

Tú caminas, Dios va detrás. Esta noche, sube con la seguridad de un niño que aprende a andar en bicicleta mientras su padre le dice: «No te distraigas, concéntrate en mirar hacia delante, yo te sostengo por detrás». Tú decides cómo quieres pasar las siguientes noches. O te preocupas y lo sufres, o lo disfrutas sabiendo que Él te está siguiendo.

¡Esa palabra me ha acompañado desde aquella mañana y durante todos estos años! Fue crucial esa misma noche en Viña.

Luego agregó que si lograba pasar esa crisis y salir airoso, me entrevistaría con muchos presidentes, jefes de estado y gente influyente, y les hablaría de Dios y los proyectos de la fundación con total naturalidad.

—Recuerda que todos ellos no tienen lo que tú tienes y, muy en el fondo, lo anhelan y lo necesitan —culminó.

Durante las seis noches siguientes que duró el Festival, lo primero que venía a mi pensamiento cuando me subía al escenario de la Quinta Vergara, era: «Sólo daré el primer paso, Dios estará detrás, en cada palabra, en cada detalle, en cada momento. Sólo debo concentrarme en lo que sé hacer y Él me sostendrá». Esas mismas palabras recuerdo habérselas repetido a Miriam, todas y cada una de las noches del Festival: «Miriam, tú da el primer paso que Dios viene detrás, Él no dejará que nuestro pie dé al resbaladero».

Efectivamente, Dante Gebel se regresó a Buenos Aires pocos minutos después y me dejó con aquel pensamiento, que fue el que me mantuvo vivo durante los próximos seis días de guerra. Guerra y guerra, de bombardeo, de bombas molotov, de bazucas, de ametralladoras y disparos de fusiles que recibía por parte del peor sector de la prensa.

El periodismo agitó el escándalo de tal manera que estuvo a punto de convertirse en el arma que pudo haberme destruido moral y emocionalmente. Sin embargo, Dios me confirmó que estaba detrás de mí cada vez que colocaba un pie sobre el escenario. Aposté todo a un solo número. Aposté todo a ganar, a vencer. Me tocó, noche a noche, enfrentarme al monstruo. Pero no era el monstruo que la gente conoce —que es el público que llenaba la Quinta Vergara las noches del Festival— el monstruo despiadado al que me enfrenté era la prensa amarillista, que luchaba por empañar el Festival que ellos mismos habían ayudado a levantar durante más de cuatro décadas. Pero, ¿cómo convencer al sin razón de que yo era sólo un artista, un músico que no había venido a quitarle el puesto ni a Antonio ni a ningún conductor chileno?

En esencia, aquellas noches me sirvieron para reencontrarme con el Ricardo que, desde que tenía catorce años, empezó a tocar las puertas para poder cantar. Por un momento, el artista conocido en toda Iberoamérica dejó paso al muchacho que noche tras noche debía rendir examen para lograr ser querido y aceptado.

Paradójicamente, la misma prensa que se desvivió en elogios en mis participaciones anteriores como cantante, ahora buscaba eliminarme como si fuera un desconocido.

Me fui ganando noche a noche el aplauso y la aceptación de la gente con una sola arma que Dios me había dado y era dar el paso de fe con toda humildad, pero sin bajar la cabeza, con el orgullo de ser un soldado, sin dejarme amilanar, ni destruir, sin pensar que estaba caminando en la cuerda de un trapecista, ni que un poco más adelante estaba la cornisa de un precipicio enorme por el cual podía caerme.

Todas las noches gritaba: «La gloria de Dios en la Quinta Vergara». Al cuarto día, la misma prensa que quería matarme me nombró «el Artista Amigo», galardón que entregan los medios impresos de ese país al artista más accesible y cordial con ellos. ¿Qué irónico, no?

El galardón me fue entregado un mediodía, en un almuerzo en el que se unen prensa y Festival. Lo que nadie creería es que iba a estar presente para recibirlo. Nadie imaginaba que me iba a presentar allí con tantos zarpazos recibidos los días anteriores.

Aquellas noches hice un *upgrade* —subí de categoría—. Dejé mi calidad de turista... de aquellos que esperan que Dios y que la vida le allanen el camino, y califiqué para ser soldado, uno de aquellos que hacen que las cosas ocurran, que van a la delantera, en la vanguardia, aun cuando las granadas enemigas exploten a su alrededor.

**Él me ha enseñado a tener paz en medio de la tormenta.**

Desde aquel momento, las cosas empezaron a cambiar significativamente. Comenzamos a asumir retos y desafíos mucho más grandes, «caminando en fe, sabiendo que Dios va detrás», tocando y bendiciendo todo lo que emprendemos de manera noble y con intenciones de ayudar a otros.

La creación de nuestra fundación, ir por cada nación, abrió una ventana más: llevar la palabra de Dios a cada lugar, poder entrevistarme con presidentes, jefes de estado y gente muy influyente, entre otras cosas.

Definitivamente, Viña del Mar 2005 sirvió como un gran examen para que Dios me utilizara como uno de sus grandes lugartenientes en esta vida con tantos propósitos. Él me ha enseñado a tener paz en medio de la tormenta. Me ha abierto puertas y me ha sentado al lado de gente poderosa a quienes les he hablado la Palabra de Dios, ha honrado mi propio riesgo, jamás me dejó en ridículo aunque yo sentía que lo estaba haciendo. En aquellos días difíciles, probé que le creía.

~

Si alguien volviera a proponerme la conducción del Festival de Chile, estoy seguro que lo haría con todo gusto. Me he dado cuenta de que he podido mostrar templanza y ser un profesional bajo presión. Lo que he querido lograr ya lo logré: gritar el nombre de Cristo ante trescientos millones de personas en todo el mundo vía satélite (una experiencia que muchos predicadores o políticos quisieran vivir). Y eso lo hice sin que nadie se diera cuenta, como un infiltrado. Yo fui quien tendió la trampa. Meses más tarde, más de uno escribiría a mi página *web* diciendo que sintió el impacto de la presencia del Señor una de esas noches de la Quinta Vergara... mientras yo vivía la tormenta perfecta.

~

Hay muchos embajadores de Dios en el planeta, algunos predican desde una iglesia, otros desde un libro, desde alguna remota isla como misioneros, hay quienes predican en India y son perseguidos.

A mí me toca gritar su nombre desde los escenarios, como le dijo aquel predicador brasilero al pastor que conocí en Viña del Mar: «Vendrá alguien de otras tierras, a gritar la gloria de Dios».

¿Qué les parece?

# Siembra

ASÍ SE LLAMABA EL DISCO DE WILLIE COLÓN y Rubén Blades. Canciones como: «Pedro Navaja» y «Plástico», así como «Oh, qué será» de Chico Buarque, servían de bandera a la juventud maracucha de inicios de los 1980. La salsa había bajado de los cerros y en algo ya coincidían los pobres y los ricos. *Siembra* era ese punto de encuentro.

❧

Dos amigos y yo buscamos un lugar donde cupieran más de diez mil personas, y nos aventuramos a contratar a Rubén y a Willie para presentarse en Maracaibo. Un éxito seguro aguardaba por nosotros. Éramos unos incipientes empresarios de segunda, estudiantes de periodismo. Ah, no me pregunten por qué, pero logramos el contrato sin pagar ni medio centavo de adelanto. Hoy día la música no suena si no está el dinerito completo en el banco.

❧

Azupane (Asociación Zuliana de Padres y Representantes de Niños Especiales). Ese fue el lugar que nos alquilaron para la gran fiesta, la celebraríamos en los jardines. Un mes previo al asunto me tocaba visitar el local, para ver todo lo que debía hacerse en la preproducción. Entre las cuatro y las cinco llegaba yo —como siempre— con la guitarra en mi Volkswagen, por si acaso una serenata me sorprendía a media calle. Ahí estaban ellos, en grupos de cinco a diez, no sé, siempre venían, nunca se iban. Los niños con síndrome de Down son muy cariñosos, besucones, les gusta jugar y ser amigables, parece parte de su genética. Les cantaba, me sentaba en las colchonetas azules y les cantaba. Me fui habituando, los fui viendo como mis nuevos y necesarios amiguitos.

Mi guitarra, ya cansada de ser reparada casi a diario, cuerdas rotas... humanidad también. Mi corazón experimentaba una inédita felicidad que me urgía repetir cada tarde calurosa de mi Maracaibo del alma.

~

## Medio Maracaibo se colaba

La tarde del evento todo estaba listo, Rubén y Willie también. Ni Maracaibo ni ellos, ni nosotros sospechábamos lo que pasaría esa noche.

Siete y treinta de la noche. La fila llegaba por lo menos a diez cuadras. Mil entradas de venta previa y, miles y miles de personas, esperando para comprar sus *tickets* y entrar al concierto de los más grandes ídolos del momento. La pared que dividía Azupane de la calle, apenas llegaba a medio metro. Estos empresarios graduados por correspondencia, nunca tomaron en cuenta que nuestra idiosincrasia —y

~

**...el que a hierro mata, a hierro termina.**

~

80

cultura maracucha— nos invita siempre a tratar de colarnos antes de comprar la entrada. Yo lo hice muchas veces. Con menos suerte que la media ciudad que esa noche colmaba las afueras y los adentros de Azupane. Todo el mundo entró. El concierto, luego de una llovizna pertinaz, fue lo más recordado por la gente, al menos por los siguientes cinco años. Pero, ¡la caja!, ¡Ay, la caja!... ¡Pereció ante semejante tentación de diez mil siervos de Dios que entraron al lugar triunfantes, exigentes, colados y sin pagar! Hey, que empiece el show... ¡Rubén! ¡Rubén! ¡Willie! ¡Willie! ¡Pedro Navaja! Matón de esquina, el que a hierro mata, a hierro termina.

~

Fracaso económico total, deudas y deudas, Rubén y Willie colmaban las expectativas y nosotros —Enrique Mota, Luis Gutiérrez y yo—, debiéndole a cada santo una vela (aún no conocía de Cristo). Pero algo aprendí de todo eso: mi costumbre de ir a Azupane a ver a mis amiguitos continuó por un buen tiempo. Y creo que ese fue mi primer aviso. Efectivamente *Siembra* significaría la palabra que en algún momento pasaría de ser un simple sustantivo a ser un verbo. Desde ese momento sentí una especial ternura por los niños. Años más tarde, por ahí me pescaría el Señor, por los niños latinoamericanos y por los grandes milagros que vería en primera fila como si me lo mereciera, como si Dios preparara una mesa para mí, pero una mesa V.I.P. [Persona Muy Importante, por sus siglas en inglés].

Años más tarde, todo en mi vida había cambiado.

México me abría las puertas.

~

Una tarde de promoción, a la hora de la siesta —esa que no se puede eludir porque hace mucho bien, y justo esa que me pone de muy mal humor si me obligan a salteármela—, llovía en el Distrito Federal. Iba en un autito Volkswagen escarabajo como el que tuve a los diecisiete años, el vidrio arriba y mi promotor manejando. Justo en el semáforo del monumento al Ángel de la Independencia de la avenida Reforma, ahí los vi. Eran dos. Me tocaron el vidrio de la derecha, uno de ellos limpió con su trapito algunas gotas de agua que le impedían verme. Ojos fijos en mí, su cara pintada de payaso de circo lavada por la lluvia y mi compañero diciéndome: «No les bajes las ventanas, puede ser peligroso». Sus ojos me decían algo, en realidad me decían todo. En lo que la luz roja continuaba encendida, me repetía el compañero: «No los pueden sacar, salen de todas partes». No hubo tiempo de cruzar una sola palabra, intenté bajar el vidrio para hablar con él, cuando la luz verde le dio paso al olvido.

Fue una larga tarde, llegué al hotel cansado. Y ya ni recordaba el episodio. Pasé horas repitiendo lo mismo como una cartilla, hablando de lo bien que me iba y de los éxitos que tenía en América, de que ya el Madison era una etapa superada, que el Bellas Artes y el Gran Rex estaban entre mis logros. Ya saben, el bla, bla, bla... y un poco de mentira y exageración que es el abc de esta industria desde que existe. Meses más adelante, en Cúcuta, Colombia, un concierto masivo para más de quince mil personas esperaba por mí. Llegamos esa mañana por San Cristóbal, Venezuela, y cruzamos la frontera de San Antonio del Táchira en auto.

Paramos a comprar unos refrescos y, bajándome del minivan que me llevaba, lo encontré de nuevo. No, no era el mismo de México, pero era exactamente igual. Este niño tenía tuberculosis, se acercó a mí en plena calle pidiéndome dinero. Le pregunté por qué tosía y por qué estaba tan pálido. Me confesó su enfermedad generada por las noches durmiendo en la calle. El chofer me decía que no le diera dinero porque lo usaría para comprar pegamento de zapato. A él le compuse mi canción, «Ciudadano enmascarado». A raíz de ese encuentro comenzó a urgirme hacer una canción dedicada a los niños, a todos aquellos que me voy encontrando en el continente. Descubrí a partir de ese encuentro que aunque no eran los mismos, eran parecidos. Tenían los mismos dramas y las mismas experiencias, las mismas carencias. Fue entonces cuando escribí mi canción «Los hijos del sol», y cuando por primera vez comencé una formal tarea de trabajar en beneficio de la niñez latinoamericana. Parece mentira, pero ya han pasado dieciocho años.

---

Empecé a cabildear en Venezuela buscando terrenos para construir un hogar de niños, luego me di cuenta de que la solución no era esa, sino que tenía que prestar mi imagen directamente a la niñez. Así comencé a trabajar con diferentes gobiernos de nuestro continente. En el gobierno de Andrés Pastrana, en Colombia, trabajé en varias campañas con su esposa Nhora Puyana. En el gobierno de Alberto Fujimori, en Perú, me tocó laborar en varias oportunidades con Susana Iguchi de Fujimori, con quien organizamos conciertos en Arequipa y Lima a beneficio del Hospital de Niños.

Siempre con la certeza en el corazón de que por ellos había una necesidad de hacer más, más y más cada día. Que por mucho que pareciera era nada, porque por más que uno se esforzara haciendo cosas, cuando volteabas para el otro lado te dabas cuenta que salían como hormigas, miles y millones más, que hasta el día de hoy siguen estando allí. Me involucré con diferentes entidades privadas para hacer campañas por los niños. Presté mi imagen hasta comercialmente para hacer *spots* de televisión de alguna marca de comidas y así auspiciar algún acto en beneficio de los niños de Venezuela.

~

En el año 1991, cuando llegué a Chile en uno de mis viajes al programa de Antonio Vodanovic, «Siempre en lunes», me abordó una pareja muy joven en el lobby del Hotel Hyatt. Y qué coincidencia... tenían casi la misma edad de los padres de Mauricio Sebastián, el niño de Uruguay. Estos jovencitos —de veintitrés y veintidós años— tenían una niña amarilla llamada Camila. Y digo amarilla porque era una bebé como de un año y dos meses que había sido diagnosticada para trasplantarle el hígado y no tenían los medios suficientes para poder viajar y hacerlo. En aquel momento, me comentaron que en Chile no se hacían esas operaciones y que no hallaban qué hacer. Ya habían averiguado que su papá era compatible con ella, y que extrayéndole un trozo de su hígado —que es un órgano que se regenera— se le podría trasplantar a ella de modo que sobreviviera. Tenía los meses contados y estaba totalmente amarilla. Ojos amarillos, piel amarilla.

Aquello me conmovió muchísimo y recuerdo que esa noche fui al programa de Antonio, impresionado aún por el relato de aquellos papás diciéndome que si no reunían de ciento treinta mil a ciento cuarenta mil dólares para llevarla a la Argentina, Brasil o Estados Unidos, la niña iba a morir irremediablemente. Sirviéndome de ese minuto de fama —que no sabes cuánto te puede durar y en el que tu cara suele parecerse a un pasaporte,

que tocas una puerta y se abre— aproveché esa posibilidad que
me daba Dios para decir públicamente a través del programa de
Antonio, que quería que el canal me diera una oportunidad para
hacer un maratón a favor de aquella niña y así poder reunir el
dinero. Logramos localizar a los directores del Canal de Televisión
Nacional de Chile. Y me dieron la mañana del día siguiente para
hacer cinco horas de pedido público. Me aparecí a las siete de la
madrugada en el canal, muy feliz, y tenía hasta las once y media
para recoger dinero y empezar a hacer llamados a la gente para
que donaran y depositaran en un número de cuenta bancaria.
Payaseé durante toda la mañana, canté algunas canciones. Ese día
precisamente, estaba invitado un colega venezolano con quien he
escrito dos canciones, Ilan Chester. Con él compuse «Será» y «El
final del arco iris». Cantamos juntos un pedazo de «Será» para todo
el público. La colonia venezolana residente en Chile participó y
ayudó mucho recolectando dinero. Sin embargo, la buena voluntad
del chileno es conocida porque siempre ha sido un pueblo muy
altruista y que de por sí tiene como costumbre beneficiar a su
prójimo, hecho comprobado por el éxito de la Teletón, que se hace
todos los años y que reúne hasta treinta y ocho millones de dólares
en cada emisión. ¡Casi cuarenta millones!

Sucedió, la siembra seguía como una constante. Al final de
esa mañana habíamos recolectado ya más de cien mil dólares. Me
fui al hotel, hice algunas llamadas, contacté a una línea aérea y
nos donaron los boletos de avión. Llamé al director del Hospital
Italiano en Argentina, hablé con el mismo médico que la iba a
operar, que donó sus servicios y consiguió que el hospital nos
donara parte de los medicamentos y que algo de los gastos de
hospitalización de la niña fuesen descontados. Todos estábamos
muy felices. Uno puede sembrar a través de la siembra de

muchos, cuando el hecho de dar se multiplica, no hay extensión de tierra que alcance para una cosecha tan abundante como la que vendrá. Dejé todo en marcha y regresé a mi país.

⌒

Un año más tarde me nombraron padrino de buena voluntad de un acto que se efectuaba en Argentina para todos los niños con trasplantes. Fui invitado a una plaza, donde me llevaría una gran sorpresa. De repente, una diminuta voz me llamaba por mi nombre: «Tío Ricardo», me dijo. Cuando volteé una niña de poco más de dos años me abría los brazos secundada por sus padres. La pequeña Camila ahora blanca y de ojos celestes, rubia, color sol, había salido triunfante de la operación y vivía feliz con el hígado de su papá. Me doy vuelta y veo a la mamá y al papá de Camila felices de la vida porque su hija había recibido un órgano y ya tenía un año más.

⌒

Lo bonito de todo este cuento es que, en el 2005, de regreso a Chile tras muchas veces que había vuelto, una tarde estaba en lo de la animación del Festival de Viña del Mar, en un programa que se llamaba «La movida del Festival», cuando mi amigo —el animador del programa Álvaro Salas— me sorprende con un gran regalo, diciéndome:

—En el año 1991 todo el mundo recuerda que viniste e hiciste una especie de maratón por una niñita que necesitaba una operación.

—Sí —le dije—, me acuerdo como si fuera hoy. Supe que ella había mejorado y que estaba bien, pero perdí su rastro.

—Ricardo, párate que te van a venir a saludar. Aquí está tu sobrina Camila. Bueno, obviamente me eché a llorar, hay pruebas y videos por ahí de ese momento. Yo con cara de llorón recibiéndola a ella, ya para eso tenía dieciséis años, una mujer hecha y derecha, delgada, hermosa, rubia, como prueba palpable de una siembra hecha varios años atrás. Ahí aprendí que no siempre lo que siembras puedes pretender cosecharlo de inmediato. Algún día eso que sembraste te dará fruto, más tarde o más temprano, en ese lugar o a miles de kilómetros. En esa persona o en otra.

## María Pía

Ayer me escribió María Pía. En realidad, la que me escribió fue su mamá. María Pía apareció en mi vida también en el Uruguay cuando era una muchachita. No les puedo explicar exactamente los millones de sentimientos que María Pía inspira en mi vida. En su carta me dice cuánto significo para ella. Pero creo que aquí lo importante es explicar cuánto significa ella para mí. Mas, ¿cómo averiguar en este relato dónde está la siembra, quién sembró en quien, dónde está la cosecha y quién cosecha en quien? Aunque a modo de conclusión adelantada, en este caso, creo que la cosecha ha sido mutua.

Conozco a María Pía hace más de diez años. No hay un concierto que yo haga en la Argentina al que ella no se brinque desde Uruguay con su mamá para ir a verme. No hay un concierto que yo haga en Uruguay, en Montevideo, al que ella no asista. Tiene sus pulmones muy frágiles; sin embargo, siempre está mejor para cuando yo llego. Y cada vez que llego a Montevideo, trato de escapar de los ojos de la cámara y de la gente, de los curiosos, para por diferentes vías llegar a la casa de ella a visitarla como cualquier familiar más. He comido pizza en su casa, me han tratado muy bien. Me siento como en casa cuando voy allá.

Ella tiene su habitación llena de cosas que tienen que ver conmigo, sé que me quiere mucho y me lo hace saber. Mis niños han ido a visitarla y la han tratado prácticamente con la confianza de un familiar. Procuro estar pendiente de ella, pero creo que ella está más pendiente de mí que yo de ella. Su madre es un ejemplo de lo inmensamente grande que puede ser el amor. Creo que su madre es una elegida por Dios para tener una hija tan hermosa y sentimentalmente gigante. Tienes que ser preferido de Dios, Él tiene que estar seguro de que posees las capacidades suficientes para tener un hijo como María Pía.

Aparte de eso, María Pía es bastante particular, aguda. Nuestras conversaciones no son demasiado largas, pero sí muy ricas en sentimientos. Sin embargo, si hablamos de siembra, creo que María sembró en mi corazón una semilla de ternura que hoy se cosecha en una enorme satisfacción en mi vida. Creo que sembré en su corazón esa ilusión por la cual la gente necesariamente vive. Yo no sé por qué me quiere tanto. Pero me hace bien saber que me quiere así. No sé si me he ganado que ella me quiera tanto como me quiere, pero lo importante es que me ama y tampoco voy a averiguarlo. No creo que sea importante el porqué de ese amor. Lo bueno es que me siento tan feliz como al recoger, al cosechar, ese amor en ella.

De: María Pía
Remitente:
Para: Ricardo Montaner
Enviado: 2 de octubre de 2008 13:46
Asunto: Re: ¡¡¡FELIZ CUMPLEAÑOS!!!

Amado Ricardo, hoy recibí el mejor regalo de mi vida, me quedé tan requete feliz por tus palabras que espero me dure hasta volverte a ver, lo que deseo sea muy pronto.

Otros buenos regalos fueron tus fotos, tus videos, las remeras contigo y todo lo referente a ti, que fueron casi todo porque, gracias a Dios, los que me quieren saben las cosas que me hacen bien y me dan felicidad.

Yo también te amo y te tengo siempre en mi corazón y en mi alma y te llevo ventaja porque tú tienes muchas actividades y a veces dejarás de pensar en mí, pero yo NUNCA dejo de pensar en ti. Todas mis acciones derivan por una cosa o por otra en ti o en tu familia, a la que también amo profundamente porque todo lo relacionado contigo me inunda de felicidad. No creas que exagero, es tal cual, para mí tú sos lo mejor —un elegido—, la verdad de mi vida y Dios, que todo lo sabe, sabrá la razón, yo sólo lo vivo.

Una buena noticia, mi neumólogo me está dando un medicamento que me tiene mejorcita y estoy paseando mucho más...............

Te quiero desde el piso hasta el cielo, miles de besooooooooos.

María Pía

⌒

Lo maravilloso que tiene la siembra es que eso que siembras jamás regresa vacío. Hay un momento en la vida de la persona que te parece mentira cómo todas esas siembras regresan convertidas en cosechas. Son precisamente esas siembras que hiciste durante toda tu vida las que llegan de repente, como todas juntas, convertidas en bandadas. Bandadas de cosechas.

Dios te da la oportunidad de ver lo que sembraste. A mí siempre me ha encantado regalar. Siempre digo que disfruto más regalando que recibiendo regalos. Suelo ser muy feliz regalando, igual que lo soy sembrando. Cuando la siembra te hace feliz, cuando el hecho de sembrar en una persona, en un ser humano, en una comunidad te hace feliz, la vida se ha justificado para ti.

Dios te va a permitir que disfrutes viendo la cosecha, te vas a reír mucho, vas a decir: ¿Cómo es posible que haya sido capaz de hacer esto? Tenlo por seguro, amigo o amiga, que no eres tú quien lo hizo, sino que Dios te utilizó como un canal. Te vas a sentir tan, pero tan pleno, tan pero tan feliz, que celebrarás que fuiste un vehículo de Dios y que nada se va a comparar con eso.

**Lo maravilloso que tiene la siembra es que eso que siembras jamás regresa vacío.**

Jamás te va a dejar de emocionar tu siembra.

De repente salto a una carta que llega a mis manos por el año 1997, sería como una más de otra fan, que uno deja para leer después de los conciertos. Una que lees posteriormente, cuando tienes un rato libre. Marlene y yo acabábamos de llegar a Miami, teníamos un departamento en Collins. Saqué de mi maletín las cartas que tenía pendiente por leer y hubo una que me llamó mucho la atención. Era la carta de una madre, de la ciudad de Valencia, en Venezuela. Hasta el día de hoy no sé cómo se llama la señora. Lamentablemente perdí esa carta. Allí tenía un número de teléfono y el nombre de la señora. Ella me contaba que era madre de tres hijos, que había podido levantar a los dos primeros, pero que la vida le había dado un revés. Ahora se le hacía imposible costear los estudios de la más pequeña. La tenía que enviar a la universidad. Me narraba que le era muy difícil de soportar el hecho de no poder cumplir con la hija, como lo había hecho con sus hermanos. Aparte de eso, narraba que siempre tuvo trabajo y había podido poco a poco ir levantando a su familia. Pero debido a su situación, en ese entonces, le tendría que decir lamentablemente que no podría estudiar más. Me escribió: «No me da la cara para decírselo».

Ella tenía que hacer lo que fuese, pero no podía permitirse el lujo de tener que darle la mala noticia de no poder pagarle los estudios. Me conmoví mucho con ese relato y me puse en lugar de esa señora. Pensé que yo también tenía hijos y me colocaba en la situación tan complicada de la posibilidad de que un día tuviera que decirle a mi hijo: «No puedes estudiar porque no tengo cómo pagarlo». La verdad es que lo que me escribió la señora me conmovió mucho. Su hija estaba terminando de cursar la secundaria, tendría aproximadamente dieciséis años. El siguiente paso era inscribirse en la universidad. No me preguntes por qué, pero le mostré la carta a Marlene y nos pusimos a llorar.

No tienes ideas de cuánto le puede llegar a uno una carta. La gente piensa que uno las tira, la gran mayoría piensa que uno las bota a la basura.

—¿Qué opinas, qué hago? —le digo a mi esposa.

—Lo que te esté diciendo tu corazón ahora mismo —marqué entonces el número a Valencia.

—Soy Ricardo Montaner y usted me mandó una carta —dije y la señora se puso a llorar.

—Quiero que sepa que me ha conmovido mucho su misiva. Y que no sé si lo que usted me escribe es cierto. Pero me conmovió y sé que lo que estoy haciendo en este momento es por amor. Así que si no es cierto, ese será su problema con Dios. Yo me voy a quedar tranquilo porque Dios me dice que tengo que ayudar a mi prójimo. Así que sea cierto o no, no me importa, mañana va a tener el dinero en esa cuenta.

—Algún día va a saber de mí. Algún día usted verá que su esfuerzo no fue en vano —me contestó la señora.

Ni siquiera había visto una foto de esa familia.

Hace un par de años recibí un e-mail de una mujer que me escribió: «Es probable que usted no sepa quién soy. Me llamo Rosa Gómez, soy de Valencia, graduada en medicina, con altos honores en la universidad. Soy hija de una señora que un día le escribió una carta. Ella me confesó hace poco que gracias a usted pude cursar mi universidad. Mi mamá nunca me lo había dicho. Me acaba de contar su historia el día que me vio graduada, por lo que desde ese momento quise localizarlo, hasta que pude conseguir este e-mail.

»Mi mamá me dijo que en aquel momento usted no sabía si lo que ella había escrito era cierto. Por eso le estoy escribiendo, para confirmar que sí lo era y que ahora soy una profesional».

¿Te podrás imaginar la alegría que sentí? No tengo contacto con esa señora ni con esta muchacha, pero eso no importa. Creo que lo importante es precisamente eso, que Dios te regala la posibilidad de sembrar y te obsequia la maravillosa sorpresa de ver la cosecha. Esta no siempre tiene que ver exclusivamente

**He visto mi cosecha...**

con todo lo material. La cosecha tiene que ver con la satisfacción personal de saberte feliz. Eso es cosechar.

No siempre vas a cosechar en el mismo lugar donde sembraste. Un ejemplo de eso es que puedes a veces poner tu mejor sonrisa y siembras en un corazón, o en una vida que sólo cosechará hierba mala. No te desilusiones, no es ahí donde verás esa siembra que hiciste, seguramente la vas a encontrar en otro lado, inesperadamente. Me ha dolido el corazón, he sufrido y llorado. No sabes cuántas noches he perdido por no poderme dormir pensando cómo será posible que el Señor permita estas cosas. Que quizás hayas puesto tu amor, tu corazón en alguien y hayas sembrado en una persona equivocada; no necesariamente dinero, sino amor, atención, cariño. Sembraste todas tus capacidades y esa persona, lejos de darte la sorpresa de la bella cosecha, te paga con una daga en el pulmón que no te deja respirar.

Tuve que encontrarme con esto de la ley de la siembra y la cosecha para darme cuenta de que no era justo que yo le preguntara a Dios por qué sucedían tales desilusiones. Si tú sembraste en una persona, y eso fracasó; si lo hiciste con tu corazón, tu cosecha la vas a ver en uno u otro lado, en otra persona, en otra área de tu vida. He visto mi cosecha en la fundación. He visto mi cosecha en mis amigos, hermanos de la iglesia, que se preocupan por mí, que oran por mí y que están todo el tiempo intercediendo por mí, por Marlene, por mi ministerio, para que Dios me mantenga en donde estoy y nos permita seguir haciendo lo que hacemos.

> **La siembra no tiene que ver con el dinero, tiene que ver con la almohada, con el sueño profundo, con el corazón satisfecho.**

Por eso para mí, la siembra es el pasaporte. Aun cuando sé que la cercanía que tendrás al Padre en el cielo dependerá de que te hayas dedicado a Él, en tu relación con Él y no precisamente por la cantidad de cosas que hayas podido hacer en la tierra, en la vida; también sé que Dios ve con más agrado a la persona que pone su corazón en cada cosa que hace y en sembrar en su hermano, en su amigo, en personas que ni siquiera conoce. Eso lo ve Dios con mucha alegría, tanto que seguramente dirá: «Este tipo lo está haciendo según mi corazón».

**No es normal encontrarse con Dios en una calle cualquiera a horas del mediodía.**

Si siembras con demasiada expectativa en el resultado, cometes un grave error, porque debes sembrar por el solo hecho de hacerlo; el vuelto es la satisfacción que eso te produce. Uno debe sembrar con la sola expectativa de dejar allí la semilla, puesta, y luego a otra cosa, a seguir sembrando en otro lado. Lo importante aquí es encontrarle el secreto a la satisfacción que te pueda dar la siembra. La siembra no tiene que ver con el dinero, tiene que ver con la almohada, con el sueño profundo, con el corazón satisfecho.

La vida te lleva por senderos imprevisibles y te hace creer que sólo a ti te suceden las cosas, a veces sintiéndote el más absoluto y feliz ser humano, y a veces la más insignificante de las criaturas.

Dios me dio un aviso, se me puso adelante y me previno. Yo lo escuché porque no es normal encontrarse con Dios en una calle cualquiera a horas del mediodía.

Me habló de todo lo que yo creía saber de la vida y me di cuenta por sus palabras, que las cosas eran diferentes.

Me habló del perdón, pues yo creía que el perdón era unidireccional. Siempre sentí que era yo quien concedía el indulto. Ahora conozco el perdón desde el otro lado. Me habló de la pérdida y el sacrificio. Me había acostumbrado a mirar a mi alrededor y a ver a mi lado a todos los que amaba, nunca pensé en la posibilidad de perder a alguno de ellos.

Aprendí que sólo Dios es omnipotente, que yo soy lo que su voluntad quiere que sea.

**Sólo Dios es omnipotente, yo soy lo que su voluntad quiere que sea.**

# Mis captores y yo

PARA VARIAR, ESTÁBAMOS DE GIRA. FUI A
Colombia antes de un viaje de quince días que iba a dar a
España, donde grabaría mi disco «Viene del alma». Actué en
las ciudades de Medellín, Cali y Bogotá. En esta última sería el
cierre, en el Coliseo El Campin, el sábado en la noche.

Tenía que irme el domingo a Caracas, en lo que sería un viaje
de hora y media, para cambiar las maletas. Pasaría el domingo por
la tarde y al otro día, el lunes, viajaría a Madrid.

∽

Llegue a las doce y media al Aeropuerto Internacional
Maiquetía, en Venezuela. Me fue a buscar Alexander, que era en
aquella época mi escolta. Llegó en mi auto, para aquella época
tenía uno blanco, ancho, un BMW, llamativo luego sabrán por
qué les digo llamativo. Llegué y ya me estaba esperando. Yo quería
viajar solo porque deseaba tomar un vuelo temprano. El resto de
la banda viajaba en el vuelo de la tarde de regreso a Caracas. Y
de ahí los de Maracaibo y se iban a esa ciudad, los que vivían en
Caracas se quedaban ahí. Sólo un asistente me acompañó. El otro

Con mis sobrinos de la Ventana de los Cielos

Cortesía de Raúl Touzon

Con Evaluna y mis sobrinos
de UNICEF de Panamá

En República Dominicana con mis sobrinos de UNIC[EF]

Junto a Nils Kastberg, Director Region[al]
de U.N.I.C.E.F, el día de mi nombramie[nto]
como embajador de buena volunt[ad]

¿Qué te parece esto?
La presidente Cristina de Kirchner, Marlene y yo

Con el presidente Martín Torrijos

En la O.N.U.

Con
Rigoberta Menchú

Collage

Mi Tío Rodolfo es mi contacto con el Ricardo niño, que me gusta recordar.

Fernando Castellar y yo luciendo el asado que el tío preparó ¡¡¡con Maestría!!!

En el 2007, cuando regresamos de Mikomos a Miami, ayer llegamos.
Dos años después

La vida es una gón... gón... góndola

Ricky, antes de ser acusado por la
Sociedad Protectora de Animales

Evaluna también fue acusada
por la misma causa, aun sin condena...

Evaluna... ¿de verdad te gusta tu nuevo patio?

Mau en San Mauricio... ah.. Mau en San Marcos

Mi hijo Alejandro y yo

¿Y mamá?
¿alguien la ha visto?

Coll. P

Con mi hijo Héctor

Con nuestro padre Rodolfo

Mami, ¿estás segura de que a la sagrada familia de Gaudi se llega por ahí?

Esperando a papá y mamá

Ensayando con mis panas, Juan Luis, Fonsi, Nahuel. Juanes estaba tomando la foto

Raúl Touzon

En el concierto de Paz Sin Fronteras

Descanso en clave de sol

Cortesía de Raúl Touzon

Inolvidable, con mis amigos Juan Luis Guerra, Juanes,
Luis Fonsi, Laura Pausini, David Bisbal, Alejandro Sanz
Colombia sin minas... Ciudad de los Ángeles

Auditorio Nacional en México DF

Nosotros también somos como niños, American Airlines Arena, Juan Luis Guerra, Don Francisco, Noel, yo, Luis Fonsi, Carlos Vives, Juanes y Susana Giménez

Sentado entre Jorge Guinzburg y Diego Maradona en el programa "La noche del 10"

Me and myself

se quedó en Maiquetía y me dijo: «No te acompaño porque es domingo y quiero estar con mi familia en la playa».

⌒

Subí con mi escolta al carro. Llegamos a un centro comercial llamado Plaza de las Américas, que queda justo al pie de la montaña, en la urbanización llamada Alto Hatillo, en Caracas. Todo eso es una zona montañosa bastante empinada y con muchas curvas. La carretera es angosta, bastante angosta. Para que tengan una idea, cabe un auto de ida y otro de regreso. En ese lugar del centro comercial, en el primer semáforo, le digo a mi escolta: «Es domingo, son las dos de la tarde, quédate aquí. Toma un auto que te lleve a tu casa para no tener que subir y luego esperar que alguien te vaya a recoger para volver a tu casa». Me respondió: «Ok, señor Ricardo, gracias».

En ese momento, se baja y me paso al puesto del chofer, ya que nunca viajo atrás, siempre me gusta ir de copiloto en el asiento de acompañante. Agarro el volante y me despido de él. Arranco y comienza la subida de la ruta. El semáforo se pone en verde, en ese instante llamo a Marlene desde mi celular. Le digo: «Marlene, amor, tengo antojo de papas fritas y estoy a siete minutos de la casa, dile a la señora Dora que me ponga a freír unas papitas que ya voy para allá». «¿Dónde estás amor? Te estoy esperando», me dijo ansiosa. Ahí le conté dónde estaba aproximadamente.

A todo eso, Mauricio estaba chiquito, Ricardo Andrés un poquito más grande y Eva no había nacido. Nos despedimos y colgamos el teléfono. Cuando estoy llegando, noté que un auto venía muy lento delante de mí. Intenté sobrepasarlo, pero no me dejó. Cuando llegué a la última curva, que es muy pronunciada y está antes de llegar a casa, algo sucede. En plena curva, el auto que venía adelante gira, hace media vuelta. Detrás del mío, venía otro que no había visto. Fue en ese momento que me emboscaron. Ese lugar de la carretera tiene una curva muy cerrada, tan cerrada que sube uno o baja otro, dos al mismo tiempo no caben. Se notaba que ellos conocían la curva y el camino porque ese lugar resultó ideal para lo que habían tramado, perfecto para interceptar a alguien. Cuando eso sucede, no me da tiempo a pensar nada. Simple y llanamente me interceptan. Mi susto y asombro en ese momento era pensar lo mal que manejaba el tipo. Pero en segundos, cuando miro, veo que se bajan cuatro tipos de la camioneta y dos tipos del otro auto, quedando los choferes de las dos camionetas, mientras los otros cinco venían hacia mí. Yo tenía los vidrios cerrados, y por supuesto el seguro también. Todos me encañonaron. ¿Se pueden imaginar lo que sentí en ese momento? Tenía cinco pistolas apuntándome al mismo tiempo.

—¡Bájate! ¡Bájate! ¡Bájate! —era lo único que se escuchaba—. ¡Bájate, bájate!

Intenté ir hacia adelante y hacia atrás, pero estaba literalmente bloqueado. No había manera de hacer nada. Los tipos se me acercaron. Dos de ellos, que eran extremadamente grandes, me obligan a abrir el seguro. En ese momento, en esa fracción de segundo, pensé: «Efectivamente, esto es un robo. Se quieren robar mi auto, me voy a bajar para que se lo lleven».

Me bajé y grité:

—Llévate el auto.

—Que llévate el auto y qué rayos, ¡tírate al piso! —y pregunté el porqué.

—¡Tírate al piso y agacha la cabeza!

Uno de ellos me empuja. El segundo me pega con la cacha del revólver, justo en la parte superior de la cabeza, donde tengo el remolino. Allí me pegó con la cacha. Caigo al piso, caigo de manos. Me lastimé, me llevaron halado por el pelo, me hicieron subir por el asiento trasero de la camioneta roja... Creo que era roja.

Luego sacaría mis deducciones. Uno de los que venía en el auto de atrás se montó en mi auto. Se lo habían llevado, dentro del mismo tenía mi celular. Hubo otro que se fue por su lado. Yo quedé metido en el asiento trasero en el puesto del medio, rodeado por dos tipos, adelante un copiloto y el chofer. Cuatro personas, yo en el medio totalmente agachado, sentado en el asiento pero literalmente agachado. No me di cuenta de que estaba sangrando, mejor dicho, no sentí dolor de nada, la misma adrenalina no me lo permitió.

Arrancaron y comenzaron a preguntarme: «¿Dónde queda tu casa?» Me lo preguntaron dos veces. Hasta ese momento pensaba que los tipos me habían reconocido, luego me di cuenta —con el correr del tiempo— de que no sabían quién era yo. Todo fue muy rápido, no les dio tiempo de nada. Tampoco venían siguiéndome del aeropuerto. Sólo estaban a la caza de un auto llamativo, justo en la subida del Alto Hatillo, una zona donde hay casas muy bonitas en Caracas. Digamos que el proceder sería siempre el mismo, ver un auto llamativo, interceptar al dueño y obligarlo a llevarlo a su casa para robarle todo lo que tenga allí.

⌒

Me insistían en que los llevara y les dije que no, una y otra vez. Me decían: «Vas a tener que llevarnos porque está en juego tu vida». Hago un paréntesis en el relato para decirles que todo eso fue muy duro, demasiado feo. Les estoy tratando de decir esto de la manera más amable, pero ellos me decían cosas como: «Mira, pedazo de animal, vamos a ir a tu casa y nos las vas a pagar», y amenazas de todo tipo. Algunas muy feas.

Volviendo al relato, les dije:

—Ustedes tienen una sola opción: que me dejen por ahí y yo les prometo que les lleno un camión con los muebles. El lunes se los mando donde ustedes me digan.

—¿Crees que nos chupamos el dedo?

—Es la única oferta que tengo, si no denme una cuenta de banco y mañana les consigo el dinero y se los deposito.

—¿Tú crees que nosotros vamos a tener cuenta de banco? Nos viste cara de qué.

—¿Cara de qué? —les digo— ¡Si no les puedo ver las caras!

Entonces uno de ellos dice:

—Saca tu cartera.

La saqué, pero le avisé que no tenía plata. Lo único que tenía en mi cartera era un billete de cincuenta dólares dobladito, muy dobladito. Yo viajaba sin dinero. Cuando estoy de gira, no cargo un centavo en mi bolsillo, jamás. Sólo llevo plata cuando viajo con mi familia, por si sale algún gasto imprevisto. Viajo con lo estrictamente necesario.

Ni siquiera reloj tenía esa día. Sólo cargaba una medalla y me la quitaron rápidamente. Me decían que cómo era posible que tuviera tan poco dinero. Y les volví a repetir que sólo tenía ese billetico y unos pocos bolívares. Ahí uno me dijo: «Bueno, me llevo tu tarjeta de crédito también».

Otra vez volvieron las amenazas para que los llevara a mi casa o la pasaría mal. Entonces le dije: «Les voy a explicar algo, con toda humildad, les digo que si quieren yo les mando dinero a algún lado mañana, se los alcanzo sin ningún problema o lo que sea, pero a mi casa no los voy a llevar. Les voy a decir muy sinceramente. En mi casa tengo cuatro guardias con escopetas». Al ser en aquellos tiempos en Venezuela una figura pública, tenía que vivir escoltado, con guardias, por lo que en mi casa tenía una compañía de seguridad. Mi casa tenía un terreno muy grande. Y era muy fácil de acceder por las hendijas, las plantas y los arbolitos; en más de una ocasión se habían intentado meter para robar. Yo tenía una seguridad muy grande, con puertas *multilock*, puertas con trabas. Pero a la vez, pensaba: «Es domingo a las dos de la tarde, seguramente los niños estarán jugando en la piscina». Aparte de eso, era un día de sol espectacular. En la casa estaban también la señora Dora, el señor Roberto y Marlene.

Recordando a los guardias, les digo a mis captores: «Cuando ellos vean que llego con ustedes, se va a armar un tiroteo inevitablemente, y alguno de ustedes va a morir, porque aunque sea a uno le van a dar. Eso por un lado y por otro alguien de mi lado también puede resultar herido o peor. Además, ahí tengo a mis hijos y a mi esposa. Nada de lo que puedan hacer en este momento, nada, nada, y ya saben de qué estamos hablando», les dije, «justifica que los lleve a mi casa, a arriesgar la vida de uno de ellos, nada, así que ustedes tienen que tomar una decisión ahora, o me matan o hacen algo, o me dejan tranquilo y vemos cómo podemos arreglar esto».

Uno de ellos me dijo: «Ha sido el peor negocio que nos ha tocado hacer en nuestras vidas. Te vas a arrepentir».

A todo eso, les vuelvo a recordar que yo seguía agachado, totalmente agachado y ya no sentía la espalda. Frenamos en lo que se supone que era una estación de gasolina, el acompañante del chofer se bajó, fue a buscar gasolina para mojar un pedazo gigante de estopa, yo no podía verlo, pero empezó a oler la estopa mojada en gasolina y comenzó a limpiar toda la camioneta, era obvio porque no podía verlos, lo intuía. Esa camioneta era robada y la iban a dejar por allí, la habían robado para cometer otro atraco. No sé en qué estación de servicio habrán parado, sólo sé que luego empezaron unas curvas muy prolongadas, pronunciadas; por mucho tiempo hubo silencio. Frenaban, seguían y volvían a frenar, y otra vez lo mismo. Siempre con torpeza, acelerando rápido. Se notaban sus nervios y temor a ser descubiertos. Los frenazos eran muy bruscos y la aceleración era muy brusca también. Hubo dos trayectos más largos donde era pura velocidad, y lo único que hacían era quejarse y hablar de lo mal que yo lo iba a pasar, y del mal negocio que había sido para ellos. Era un concierto de quejas.

Al parecer, en algún momento, uno de ellos miró mi cédula. La misma estaba dentro de mi cartera. Ve la foto y mi nombre, y dice:

—Pero mira tú de quién se trata, mira el pescadito que hemos agarrado —le dice al chofer que se supone que era el jefe—. Nada más y nada menos del que canta «La conga», el de «vamos negro pa' la conga».

El chofer dice:

—Montanerito, ¡conque eras tú!

A ese punto, mi cabeza sigue agachada, por lo tanto no me han podido ver la cara, ni yo a ellos.

—Sí hermano, soy yo —le respondo.

—Pues ahora el lío es peor —dice el tipo—, el problema es mucho peor.

—¿Por qué? —le digo.

—¿Tú te imaginas en el paquete en que estamos metidos? Nosotros queríamos robar una casa y ahora tenemos un pez gordo arriba del auto, ¿qué crees que podemos hacer contigo Montaner?

Le contesto que yo no sabía qué podían hacer conmigo.

—Hagan lo que su conciencia les diga.

⁓

Mientras todo eso sucedía, por decirlo de alguna manera, la banda sonora que se oía en mi corazón eran mis oraciones. Yo oraba, oraba y oraba. De vez en cuando me gritaban que dejara de murmurar. Yo seguía: oraba, oraba y oraba. Llegó un momento en que preguntaron qué estaba haciendo, porque oían el murmullo de mis oraciones.

—¿Cómo que oras?

—Sí, estoy orando, por mí y por ustedes.

Ahí sucedió lo increíble. El chofer dice:

—Mira Montaner, ora por nuestras familias porque estamos en esto y no somos mala gente, estamos en esto por necesidad.

A lo que les digo:

—Hermano lo haré. Me vas a perdonar, pero ¿no te ofendes, si oro por cada uno de ustedes?

—No, claro que no —me responde—, ora por nuestras familias para que lleguemos bien a casa, que podamos conseguir pan para la familia.

—Puedo orar tocándole el hombro a cada uno —le dije.

Pero a todo eso, yo seguía agachado.

—Voy a orar por cada uno —y les pregunto si me permitían tocar sus hombros, a lo que me dijeron que sí, por lo que oré por ellos.

—Padre, sé tú quien dirija la vida de esta gente, no está en mi poder hacer nada aquí, pero quiero que te manifiestes en la vida de ellos, quiero que traigas sabiduría a la mente de todos nosotros y, sobre todo, que ablandes nuestros corazones. Pido por cada uno de sus familiares, yo te pido por este señor, por este hombre que está manejando, que está haciendo esto no por su voluntad, sino porque no tiene más remedio. Te pido que le consigas la solución y le proveas para que pueda llevar el pan a su familia, y que tenga salud —esa fue la oración de aquel día.

Oré como podía haberlo hecho por ti o cualquier amigo. Pasó una hora media, según podía calcular en ese momento a pesar de no tener reloj. Seguía en una ruta desconocida. Hubo silencio en esos instantes. Al cabo de ese tiempo, el chofer me dijo:

—Te salvaste Montaner, te vamos a dejar ir.

Entonces le dije lo siguiente:

—El día martes voy a recibir un premio.

Se suponía que no iba a estar porque esa mañana saldría de viaje. En esos días la Casa del Artista me entregaría un premio por mi labor, por mi carrera internacional. Eso saldría en televisión, y continúe:

—Cuando me vean recibiendo el premio por televisión, voy a levantar el premio con mi brazo derecho. Eso será en señal de que se los estoy dedicando a ustedes.

Uno de ellos entonces me pidió también que algún día les hiciera una canción, a lo que respondí que no se sorprendiera si algún día, alguna de mis melodías, se identificara con ellos o si algún día relataba ese episodio en un libro.

—Pero ¿seguro que nos dedicarás la canción y el premio también? —volvió a preguntar.

Me dice el chofer:

—Te vamos a dejar, pero vas a hacer todo lo que vamos a decirte.

Yo seguía orando. A cinco minutos del lugar donde me iban a dejar, el de al lado mío, dice:

—Cuando te lo diga, cuando te lo informe, te voy a guiar con el brazo, para que bajes. Te vas a bajar, vas a caminar de frente sin mirar —de ninguna manera— hacia atrás. Vas a dejar tu cabeza agachada, vas a mirar hacia el frente, sin voltear en por lo menos cinco minutos.

Cuando el tipo me dijo eso, lejos de darme tranquilidad, me entró como un susto mayor. Estaba asustado, pero en realidad era como un *shock* y era tan fuerte que lo único que yo hacía era orar al Señor. Estaba en un inminente peligro, pero no dejaba de orar. Y les digo:

—Necesito que me hagan un favor.

—¿Qué? —dijeron.

—Necesito que ustedes me digan si me van a matar. Quiero saber si me voy a morir en cinco minutos —les dije.

—¿Por qué dice eso?

—Porque tengo una familia, tengo una vida, quiero encomendarla ahora mismo al Señor de toda mi familia. De todas maneras, si me vas a matar ¿cuál puede ser el cambio?

—Pero Montaner, ¿no te he dicho que has sido el peor negocio de nuestras vidas y que te vamos a soltar?

—Sí, pero quiero que me lo digan —insistí impaciente.

—No te preocupes Montaner, te salvaste, te vamos a dejar, ya te salvaste; está bien —replicó el tipo.

Ahora que lo cuento, te digo que no lloré, que no hice nada. Lo único que recuerdo del impacto y todo aquello es el malestar que sentía porque quería hacer pipí, quería orinar, algo que el mismo estado de conmoción me impidió. No me imaginaba orinándome en ese asiento mientras estaba ahí. Frenaron la camioneta, abrieron la puerta, me dijeron:

—Bájate y camina como te dije.

—¿Cómo voy a llegar a mi casa, donde estoy?

—No te preocupes, de alguna manera vas a llegar, camina por la carretera y vas a llegar a una zona poblada.

Todo esto fue sin mirar aún, seguía agachado.

Ya la tarde estaba cayendo, para eso serían entre las cinco y media y las seis, desde las dos y media que había comenzado todo. El sol se ocultaba y hago esa conclusión porque recuerdo que cuando abrí los ojos, la luz venía cayendo casi a la montaña que estaba de frente a mí. Me bajé y caminé al frente como ellos me lo indicaron, pero esos cinco o diez pasos que di de frente hasta que escuché que arrancaron y aceleraron para mí fueron más largos que todo el relato que te acabo de hacer. Abrí mis ojos, me di cuenta de que si hubiese caminado cinco o diez pasos más hubiese caído a un precipicio. Me dejaron en una construcción deteriorada con un pedazo de fachada a medio construir. Me fui detrás de una pared, aún manteniendo el pudor, tratando de orinar y no me salía nada, no podía, miraba a ambos lados y trataba de relajarme, fue interminable hasta que pude hacerlo.

Luego vi una carretera abajo, más o menos a quinientos metros y me di cuenta de que estaba encima de un cerro, en una carretera alterna. Miré hacia abajo y vi una autopista ancha que no reconocí, no sabía dónde estaba. No había referencia que se me hiciera familiar. Volteé hacia atrás, busqué la carretera, la estrecha carretera donde me habían dejado y me vino la incertidumbre: «¿Hacia dónde camino? ¿Hacia la izquierda o hacia la derecha?», de frente no podía porque estaba el cerro, era a la izquierda o a la derecha. No sabía cuál de las dos carreteras bajaba hacia la autopista. Y yo, en medio del impacto, agarré hacia la izquierda, cada paso que daba iba agradeciéndole a Dios y al mismo tiempo tenía la incertidumbre de no saber dónde estaba y de no saber en qué momento iba a poder hacer contacto con Marlene. Ella estaría volviéndose loca. Caminé hacia la izquierda y recuerdo haber recorrido entre dos y tres kilómetros mientras seguía atardeciendo. Al fin pude ver un rancho, una casita muy pobre, con techo de zinc, paredes de bloques, de ladrillos, unas gallinas, unos niñitos como corriendo.

Para ese momento tenía mi boca reseca, prácticamente mi lengua no se movía, mis labios también estaban totalmente resecos y no me imaginaba cuál era mi semblante. Llegué a la puerta de un ranchito ya casi sin voz, dije buenas tardes pero la señora —embarazada— lidiaba con dos niñitos alrededor y un viejito sentado en una silla. En eso veo que ella agarra algo como un palo de escoba y como presintiendo que alguien podía estar llegando, como para defenderse, calculo yo.

—Soy gente de paz, señora, ¿podría pasar? —le dije.

—¿Qué desea? —preguntó.

—Me acaban de tirar allí en la carretera —le digo—, me raptaron. No sé ni dónde estoy.

Me dijo que estaba arriba de la carretera hacia oriente.

—Caracas queda de aquel lado, hacia el centro... está hacia el centro, si sigues por aquí, llegas a Higuerote.

Le pedí agua y me dio. Le pregunté cómo podía conseguir un teléfono y cómo podría llegar a la carretera de abajo. Me dijo que quedaba un poco lejos. Y que no tenía teléfono.

En ese momento escuché un motor. Entonces vi llegar una camioneta *pickup*. Era bastante vieja, de esas que tiene la caja atrás abierta, con un tipo manejando que entró como muy rápido, como si fuera el dueño de la carretera. Entró y al verme —con extrañeza—, frenó. Me vio, puso la camioneta en *parking* y estiró el brazo para sacar un arma de su guantera.

Su mujer le dijo que yo ya le había dicho que era artista, que era Ricardo Montaner.

La señora le dice al marido:

—Es gente de paz, es un artista.

—Así es —afirmé— soy artista, pero me acaban de lanzar ahí.

Pero él me miraba con una cara rara, como desconfiando todavía.

—¿No habrá posibilidad de que me acerques a la carretera —le seguí diciendo— de manera que yo pueda pedir que alguien me lleve o buscar un taxi?

Se me quedó mirando.

—O, por lo menos, llévame a buscar un teléfono público. Para llamar a mi esposa y decirle que estoy bien. Para que alguien me venga a buscar.

Entonces el tipo me dice:

—Súbete, que te voy a llevar para que puedas hablar por teléfono o tomar un auto en la carretera.

Cuando vamos bajando me dice:

—¿Qué te pasó?

—Me raptaron... y le eché el cuento.

—Vamos a la casa de mi hermana. Ella te prestará el teléfono.

Se metió por unas calles y llegamos a la casa de su hermana. Subió unas escaleras, le habló a ella y me prestó el teléfono. Le marqué a Marlene. Te podrás imaginar lo que era su voz. Inmediatamente contestó el teléfono.

—Aló, soy yo y estoy bien.

Marlene se largó en llanto:

—¿Qué te pasó? ¿Dónde estás?, ¿qué te pasó? —repetía una y otra vez.

—Estoy bien, unos tipos me raptaron y me dejaron, me dicen que estoy por Guatire, ya salgo para allá.

—La policía de todo el país te está buscando —me dice.

—Avisa que ya aparecí —le respondí.

—Sí, ya voy a llamar a mi papá.

El papá de Marlene trabajaba en Venevisión, donde tienen un equipo de seguridad muy grande. Ellos se habían comunicado con la policía. La Casa del Artista en Venezuela tenía también un departamento de seguridad, y también se comunicaron con la policía. En menos de media hora habían dado con mi auto, lo habían dejado tirado cerca de un cementerio y, obvio, ya Marlene sabía por la policía que mi carro había aparecido pero yo no, por lo tanto sabía que me habían llevado. Así que le dije:

—Me van a llevar a buscar un taxi para irme hasta allá.

Pero ese buen hombre resultó ser un buen samaritano, por lo que me dijo:

—Vamos a comprar algo de tomar al depósito de ahí, yo mismo te voy a llevar a tu casa.

—Hermano, no tengo cómo pagarte esto.

—No te preocupes, eres buen tipo, yo te voy a llevar.

Fuimos a un depósito de licores y me quedé en la camioneta, me dijo:

—¿Qué quieres que te compre?

Le dije que algo para tomar porque no tenía plata. Me preguntó si quería un ron o una cerveza. A lo que respondí que sólo quería un refresco. Volvió a los diez minutos con dos latas de refrescos para mí, y él se había comprado una botella de ron y otra de whisky, las puso encima del tablero. Me dijo:

—Estas van a hacer mis dos acompañantes hoy.

—¿Y tú te vas a tomar eso? —le pregunté sorprendido.

—Bueno —me dice— para que el regreso no sea aburrido.

Y ahí nomás le dio un trago a la botella.

Por dentro le dije a Dios: «Si antes te pedí que los tipos fueran conscientes, ahora te pido que a este hombre no le haga efecto el alcohol, de manera que pueda manejar bien».

Te quiero aclarar que no fue hasta que oré por mis captores que ellos cambiaron de idea, y dijeron: «Te vamos a dejar Montanerito». Ahí es cuando se siente la acción directa de Dios, cuando oramos. Fue un milagro que me liberaran ya que esos tipos iban por mi familia.

También fue un milagro haberme encontrado a este hombre, aunque no fuera creyente. Fue la segunda demostración de amor de Dios. Me recoge un buen samaritano, un tipo humilde que estaría buscando trabajo, que no debía tener un peso en el bolsillo, y me ofrece llevarme sano y salvo hasta mi casa. Con todos los defectos que pudiera tener, hasta el día de hoy estaré siempre agradecido a ese tipo que Dios me puso en el camino, nadie más pudo haberlo puesto allí. El hombre se subió al auto y agarramos la carretera. En una hora y media ya estaba en mi casa.

Más o menos como a las ocho y media de la noche, cuando abrimos la puerta, Marlene estaba allí con su mamá. Ella me vio y estuvo a punto de desmayarse. La señora Marta estaba con un llanto interminable también, y al rato llegó el señor Rodolfo. Cuando bajé, le dije al señor Roberto:

—Vaya al depósito de licores y tráigase todo lo que tenga, que la fiesta de Navidad de este tipo va a ser inolvidable si no se lo bebe antes. Quiero que se lleve un buen obsequio.

Conseguí algo de efectivo que Marlene tenía y se lo regalé.

El hombre me dijo: «No faltaba más, dinero no, acepto las botellas de regalo. Hice esto porque me nació del corazón».

Entrando a la casa había una especie de consola, con un espejo gigantesco, ahí fue donde me vi por primera vez y me di cuenta por qué no me reconocía nadie.

Estaba todo sucio y ensangrentado debido al golpe que me di en el piso. Cuando los captores me arrastraron, me halaron unos mechones de pelo que en lugar de caerse quedaron pegados con la misma sangre a mi cabeza. Y si calculas que en esa época lo tenía bastante largo, le sumas la mancha de sangre del lado derecho y la suciedad de mi ropa, mi cara y mis manos lógicamente que nadie me reconocería. Ricky y Mau estaban arriba, de forma que no vieran cómo me encontraba.

Me enteré de que la policía me había buscado por todo el país. No habían querido que transcendiera a la prensa —cosa que no ocurrió— hasta tres días más tarde que salió a través de una noticia de sucesos. Resulta que uno de los propios captores de esa tarde había caído preso por un robo muy grande y confesó que había participado en el secuestro. Nosotros no dimos crédito a la noticia en ese momento ya que muy contadas personas sabían la historia.

Dos días más tarde, el martes, como no pude viajar el lunes, estuve presente en la entrega de premios. En medio de mi perturbada mente fui a recibir el galardón de la Casa del Artista y cumplí mi promesa. Al recibirlo, levanté mi mano derecha con el premio y con la otra homenajeé a mis captores. Tal cual les había dicho.

Quiero que sepas que durante los próximos quince días estuve sentado en la terraza mirando a la nada, en estado de *shock*... sólo agradeciéndole a Dios cada respiro, agradecido y agradeciendo. Mi manager estaba en España, esperándome, él había viajado el domingo en la tarde desde Miami, yo llegaría el lunes.

Dos años más tarde fuimos a una casita que teníamos en la playa. Cuando voy en el camino a Boca de Uchire, hacia el oriente del país, paso por la misma carretera y miro justamente hacia arriba y veo aquel descampado donde me habían dejado. Giré el carro a la derecha y paré en un lugar donde los turistas suelen comer empanaditas, pastelitos y cachapas. Me bajé con toda la familia e inmediatamente le pregunté al dueño del lugar:

—¿Conoces a un muchacho que le dicen el flaco José? ¿Sabes algo de él?

—Claro que sí.

—¿Y sabes dónde lo puedo encontrar?

—Vive por aquí mismo, por la carretera que vemos desde aquí, allá arriba, al final vive él —me dice.

—¿Y no viene nunca por aquí?

—Sí, viene todos los días, en la tarde...

—Cuando lo veas dile que Montaner paso por aquí, su amigo, y que le dejé un abrazo.

En ese instante, el que freía las empanadas me dice:

—¿Por qué no se lo dices tú, ya que está llegando en su camioneta?

Volteo la mirada y veo bajar a unos niñitos de la parte de atrás. Bajó él con su esposa. Le digo:

—Flaco.

Él me reconoce a la distancia y me dice:

—Hey, Montaner.

Abrí los brazos, le abracé y le dije:

—Ven, que te quiero presentar a mi familia completa.

Miré a Ricky y a Mau, y les dije:

—Este señor es un ángel, rescató a su papá y hay que ser agradecidos con él, a este señor lo puso Dios para ayudarme.

Lo saludaron y Marlene fue muy cariñosa con él; luego continuamos nuestro camino.

No me caben dudas de que Dios hizo varios milagros muy grandes. Primero permitió que sucediera algo como aquello para que le diera valor a la vida y, segundo, me demostró en qué manera una palabra que uno diga en su nombre puede transformar el malo y al sanguinario. En el nombre de Jesús hay poder. Ese nombre puede convertir la peor de las intenciones en algo bueno.

Si hoy me preguntas qué siento por aquellos tipos... te diría que siento misericordia *full*. Y espero que hayan salido de todo eso, que hayan abandonado el hueco en el cual sus vidas se encontraban sumergidas. Sin embargo, hoy recuerdo el impacto que eso significó en mi vida. Por eso valoro tanto a las personas que viven en cautiverio y que son víctimas de secuestro, porque yo estuve unas horas dependiendo exclusivamente de la oración.

Te pueden secuestrar la vida y robarte todas tus pertenencias, pero que nadie te arrebate jamás la fe. Viviendo en fe todo lo imposible se hace posible.

**Te pueden secuestrar la vida y robarte todas tus pertenencias, pero que nadie te arrebate jamás la fe.**

# Rápido ruedan los carros cargados de azúcar al ferrocarril

CUANDO ERA MUY CHICO, MI PAPÁ TUVO
que ir a trabajar al norte de Argentina.

Así que hicimos el trayecto entre Buenos Aires y Tucumán en
tren. Dormimos en un camarote. El viaje duró dos días. El tren
paraba en cada estación. En más de una oportunidad vi cómo
enganchaban un vagón extra al tren en alguna estación donde
parábamos. Me llamaba mucho la atención que la locomotora fuera
capaz de jalar cualquier cantidad de vagones. No entendía cómo una
máquina tan pequeña podía hacer eso. Al amanecer me di cuenta
de que el tren paraba, mi papá abría rápidamente la ventanilla del
camarote y los vendedores ambulantes se acercaban corriendo.
Vendían pancitos recién hechos, alfajores caseros, golosinas y otros
alimentos típicos de cada lugar. Con mi curiosidad, sacaba medio
cuerpo fuera de la ventana y lograba ver en la estación cómo, de
repente, el tren seguía enganchando vagones.

Las personas somos como el ferrocarril. Estamos divididos en dos tipos, uno son locomotoras y otros vagones. Todo ferrocarril tiene muchos vagones pero pocas locomotoras. Es más, muchos tienen una sola. Es decir, que hay más seres humanos vagones que seres humanos locomotoras.

Mi pregunta es: ¿Qué decides ser tú? ¿Locomotora o vagón? El hombre y la mujer locomotora son aquellos que desde que se despiertan en la mañana tienen en su cabeza gran cantidad de cosas que quieren hacer. Es el ser humano que se levanta y sale a la calle a comerse el mundo. Es un ser previsor, con iniciativa y trabajador. Tiene un sueño a futuro que podría llamarse, en este caso, la estación de llegada final. Va todos los días tras ese sueño final. A través de ese camino se va a tener que encontrar con varias estaciones. Esas estaciones tienen como encargo nutrirnos de experiencias que necesitamos para llegar a la meta. Allí cargan combustible, toman su ración de alimentos, adquieren conocimiento, etc. La gente subirá y bajará. Aparecerán mientras otros desaparecerán en la vida de este ser humano. Pero sabe con claridad hacia dónde va, hacia adelante.

Por otro lado, el hombre o mujer vagón es aquel a quien se hala desde que nace o, en este caso, desde que se fabrica. Siempre va empujado. No tiene fuerza, no arranca. No tiene iniciativa. Transcurre mientras la vida pasa. No va a llegar a ningún otro lado. Queda atravesado en la vía, y le produce molestias a cualquier locomotora que venga tratando de superarse. Ser vagón no va conmigo. Cuando por agotamiento físico y mental me despierto luego de las nueve o nueve y media, me entra un largo cargo de conciencia que me dura todo el día.

**Las personas somos como el ferrocarril.**

⌒

Así que decidí ser locomotora desde que era chiquito, desde que era muy chamo —joven— allá en Venezuela, cuando arranqué con la música. Desde que armamos el grupo Scala allá en Maracaibo. Yo era el que llamaba para conseguir los contratos y el que conseguía el transporte para llevar los instrumentos, y para movernos de un lado al otro. Llamaba a mis compañeros para citarlos para el ensayo, hacía lo imposible para que nadie faltara. En el colegio organizaba actividades de convivencia, las proyecciones de las películas en el cine del colegio Claret.

Desde muy chamo fui «proactivo», tenía mucha iniciativa, sentía que era locomotora. Es más, a los dieciocho años ya un productor había hablado conmigo para largar un disco como solista. Tristemente dejé mi banda, me tuve que despedir, pero seguí adelante. Toda mi vida me sentí locomotora, aun cuando en mis comienzos, solitario me tocaba cantar en bares a los borrachines de siempre, a los amantes clandestinos. Sentía que si no empujaba las cosas no se iban a dar, no iba a llegar jamás a la meta. Si hoy tengo mis bisagras, mis ruedas verdaderamente aceitadas, es porque practico la vida como locomotora. Conozco gente que no tiene vida propia y que depende exclusivamente de estar enganchado en la locomotora.

Aun cuando tenga sus ruedas aceitadas, aun cuando esté bien enganchado y vayan sobre rieles sin roces, el vagón tiene peso y ese peso provoca que la locomotora disminuya la velocidad. Les he dicho a mis hijos siempre que vivan como locomotoras. La inercia y el conformismo no tienen cabida en nuestras vidas.

Cuando cierres este libro, decídete. Define si vas a ser una locomotora. Si tu vida es un vagón, piensa: ¿Qué hiciste unas horas atrás? ¿En qué pensaste cuando te despertaste? ¿Cuál era tu proyecto del día? ¿Cuál era tu proyecto de vida? Medita en lo siguiente: ¿Sabes a dónde quieres llegar? ¿Ya te conformaste con lo que lograste? Pregúntate si las horas que faltan del día las vas a pasar entre la televisión, el PlayStation, el iPod, la Internet, chateando en Facebook o en cualquiera de esas vías nuevas de comunicación que ha creado el hombre o si vas a salir de tu casa a ganarte el lugar que Dios te dio. Tienes que estar dispuesto a ganarte la cuota de oxígeno que Dios te regaló para que siguieras viviendo.

Dependiendo de la respuesta que des en tu corazón, sabrás qué parte del ferrocarril eres.

⌒

¿Sabías que Dios nos paga por adelantado? ¿Sabías que cuando te despierta, Dios te está dando el día por adelantado? Dependiendo de lo que sientas en la noche, justo antes de dormir, podrás concluir si te supiste ganar el día que te regaló Dios.

Si te ganaste el día que Él te dio, sabrás que eres una locomotora.

⌒

¿Qué habría sido de mi vida, si aquella vez en mi viaje a Tucumán en aquel camarote y aquella mañana, no hubiese sacado medio cuerpo por la ventana para observar qué pasaba? Si no hubiese descubierto que la locomotora va adelante y los vagones atrás...

# El día que peleé con Dios

EN LOS PRIMEROS TIEMPOS, LUEGO
de haber aceptado a Cristo, nos congregábamos en la casa
de Lichi, una amiga y líder espiritual de Marlene. La iglesia
era una casa y quienes participábamos de la cena del Señor y
compartíamos la Palabra no éramos más que siete. El Señor nos
habló miles de cosas. Ahí mismo en Alto Prado, en esa misma
casa, el Señor nos dijo que nos iba a regalar una hija mujer. Nos
dijo también que esa hija estaba en la panza de Marlene. Eso
fue para la época de Navidad de 1996. En efecto, Marlene me
regaló un sobre blanco que contenía en su interior su prueba
de embarazo dando positivo. Dios había sembrado a Evaluna
en el vientre de Marlene. Recordamos que desde que quedó
embarazada, nada parecía indicar que mi quinto hijo sería
mujer. Mis cuatro primeros hijos eran varones. En los primeros
meses de embarazo de Ricky y Mau siempre especulamos: «¿Será
niño, será niña? Hasta que hacíamos el eco y nos enteramos que
nuevamente era varón. En el caso de Eva nunca especulamos,
nunca preguntamos, ni tampoco averiguamos, simplemente
sabíamos que quien venía era Evaluna.

Ya le habíamos escogido su nombre desde antes, basado en el libro de Isabel Allende, *Los cuentos de EvaLuna*. Teníamos su ropita comprada con la seguridad de que era niña.

El de Marlene fue un embarazo a dúo con la enfermedad de su mamá. Pasamos los nueve meses de espera de Eva, entre la incertidumbre de su mamá y nuestra ilusión del embarazo. Eva nació el 7 de agosto y el 23 de septiembre, hizo once años que la abuela se fue al cielo.

Estuvimos los nueve meses esperando con mucha ilusión. Marlene dio a luz en la misma clínica en donde hemos tenido al resto de nuestros hijos, la misma donde estaba hospitalizada su mamá. En consecuencia, mientras Marlene estaba pariendo, su mamá ya estaba entrando en el proceso del mes y medio final. Mientras tanto los medios de comunicación del planeta tierra se convulsionaban con la muerte repentina de Lady Di, la Princesa Diana.

En medio de todo eso pasaron muchas cosas. Yo tenía que seguir viajando. Entre tanto las siguientes semanas se convirtieron en entradas y salidas constantes de la mamá de Marlene a la clínica. Ya no era mucho lo que podíamos esperar que la ciencia pudiese hacer.

Ella usaba una bata blanca que hasta el día de hoy no he podido olvidar. Martha era una señora muy bonita y lo seguía siendo a pesar de su lucha por salir adelante.

Una mañana llegué a su casa con unos audífonos y un reproductor de discos compactos. Llevé a Evaluna conmigo ya que vivíamos a escasos diez minutos entre una casa y otra. Le puse a Evaluna en sus brazos, apenas tenía unos días de nacida. Coloqué los audífonos y apreté el dispositivo para que pudiera escuchar el primer demo que había grabado mi hijo Héctor.

Eso fue hace once años. Luego de escucharlo me dijo: «Canta precioso. Las canciones están hermosas. Tú tienes que velar mucho por él, tienes que cuidarlo. Te pido que lo cuides mucho. No dejes que se sienta solo, que nunca piense que estas alejado de él. A los hijos les gusta que sus papás estén cerca».

Ese fue nuestro diálogo aquella mañana. No sé por qué me parecía un adelanto de su despedida. Prácticamente me quedé mudo. Me senté en la alfombra mientras ella cargaba a Evaluna en sus piernas, pero ya se cansaba mucho. Evaluna se dormía sobre su regazo y ella escuchaba las canciones. Aquellas palabras me han acompañado hasta hoy. Se repiten en mi mente a cada rato y en eso he estado siempre, procurando que mis hijos no sientan mi ausencia. Que me sientan ahí aunque esté a miles de kilómetros. No sé si lo he logrado, pero créanme, no hago otra cosa que tratar de estar presente de alguna manera con ellos... siempre.

⌒

Durante un mes y quince días pretendimos cambiar la decisión de Dios y manejar sus hilos y su poder. Hicimos cadenas de oración con un gigantesco grupo de amigos, amigos de todos lados en diferentes países. Montábamos guardia hasta altas horas de la noche. En más de una oportunidad nos levantábamos a la tres de la mañana para orar durante una hora para que la cadena no se rompiera. Y aunque hoy más que nunca creo en el poder de la oración, en aquel momento malinterpreté ese poder. Pretendía decirle a Dios lo que tenía que hacer. Él ya había tomado una decisión y nos había dado tiempo a nosotros durante nueve meses para que nos preparáramos. Pero fue al revés, en lugar de prepararnos nueve meses para su partida nos preparamos para su milagro. Ese que nosotros concebimos, te diría que en nuestro corazón, y de manera egoísta. No entendíamos por qué Dios había decidido llevársela si eso no era lo que clamábamos en nuestros ruegos. Creíamos que con el correr de los meses la oración bastaba y hasta llegamos a burlarnos y reírnos de lo que los médicos decían, y no lo tomábamos en cuenta. Nos decían que el desenlace sería en corto tiempo, pero nosotros no lo creíamos. Algo mucho más fuerte que la opinión de los médicos ocurría en mi corazón.

En esos tiempos visitaba enfermos por muchos lugares. Quería darle esperanza a la gente. En una de esas oportunidades fui a un hospital a visitar a una muchacha que se había enfermado de algo que parecía intranscendente como varicela o lechina. Pero eso se complicó y le atacó a los pulmones de la noche a la mañana. Algo que parecía sencillo, la llevó sorpresivamente a terapia intensiva. Estaba muy mal. Pero en ese momento mi fe estaba en tal ebullición que creía que le podía ordenar a Dios cuándo tenía que hacer el milagro y por quién. Ella se llamaba Gabriela. Me tomé muy en serio eso de ir a visitar enfermos y de creer firmemente que se sanarían, porque hasta ese momento no había recibido jamás una negativa de parte de Dios. Me creía el «manager» de Dios. Llegué al hospital y entré por el medio del pasillo. En el lugar donde estaba la muchacha todos me miraban con extrañeza como diciendo: «¿Qué hace este aquí?» Yo no conocía a la chica, sólo por referencia. Era la amiga de una amiga de Marlene. Pedí permiso a sus familiares. Entré con mi Biblia en la mano. Inmediatamente, a modo de excepción, me hicieron pasar a terapia intensiva. Estaba inconsciente. Cuando me acerqué, le dijeron: «Te vino a visitar Ricardo Montaner». Reaccionó con una sonrisa muy sincera. Cuando me vio, sus ojos se llenaron de brillo y de esperanza.

Le dije que quería orar por ella, y que quería hablarle de Dios. También le dije que Dios la amaba mucho y que la consideraba su hija. Le pedí permiso para orar.

Estaba seguro de que Dios haría una obra de sanidad en ella. Me quede ahí unos quince minutos. Tomaba su mano y oraba por ella. La desconfianza que generé en la gente cuando ingresé ya se había ido y ellos cerraban sus ojos orando, aferrados a la fe que yo demostraba. Salí de terapia con muchísima esperanza. Sus familiares me acompañaron y haciéndonos a un lado, nos quedamos cerca de las escaleras de emergencia. Nos sentamos en unos escalones y nos pusimos a hablar. Ellos me preguntaron por qué yo hablaba con tanto entusiasmo. Les conté que Dios me había dado la tranquilidad de que la iba a sanar y que ella iba a estar bien, que saldría pronto de allí. Todo el mundo quedó muy contento y feliz. Llegué a mi casa, era una tarde de domingo si no me equivoco. Tenía esa sensación de esperanza y seguridad. Esa tranquilidad que Dios te da.

Cerca de la noche, llamaron a Marlene para avisar que la muchacha había muerto. Estuve cuatro días en cama desde ese momento. No quería que nadie me viera. Sentía vergüenza de haber hecho el ridículo. Mi inmadurez de aquella época no me hacía entender ese tipo de reacción de Dios. No me permitía entender que Dios prefiera tener a alguien con Él, en lugar de darles la bofetada a los incrédulos que cayeran al piso y creyeran. Para mí ese era el milagro. El milagro para mí no era sólo la sanidad de la persona, era la caída de rodillas de los que no creían. Yo no necesitaba que Dios me convenciera. Ya lo amaba. No necesitaba pruebas. Necesitaba que Dios les demostrara a «ellos» que Él existía. Dios me había hecho quedar mal.

Me quedé muy dolido y golpeado. Por mucho tiempo dejé de ir a visitar enfermos y de imponer manos. Por mucho tiempo dejé de declarar sanidad en la gente. Pero hoy entiendo otras cosas. Creo que podemos interceder, ir y declarar salvas a las personas. Podemos abogar por ellos, pero es Dios quien tiene la última palabra.

En el caso de Gabriela, Él ya tenía la decisión tomada. No era yo quien la iba a cambiar. Sin embargo, no lo entendía y me dolía mucho. Me sentía destruido. Y aunque no era mi fe lo que estaba en juego, sentía que yo estaba quedando en ridículo. Pero Dios no deja en ridículo a sus hijos. Realmente no sabía cómo funcionaba eso.

Recibí un mensaje, un comentario de alguien que estuvo presente cuando fui a visitar a la chica. Esta persona dijo: «¿Cuál era el Dios del que Montaner hablaba?» Lejos de creer, esa gente se ahuyentó más. Nunca más tuve cara para enfrentar eso, ni para verlos.

Con los años entendí que el que manda es Él. Que declarar salva a una persona para el corazón de Dios, no necesariamente significa que va a vivir ciento veinte años. Probablemente, Dios la salvó esa tarde en ese hospital y yo no lo entendí. Quizás la recibió esa tarde cuando la visité. Tal vez si eso no hubiese sucedido, ella se habría perdido. Yo no entendía eso. Para mí, salvarla significaba verla salir caminando del hospital.

## Iluminada y eterna

Estaba en ese momento lanzando mi primer disco con Warner, que se llamaba «Es así». Ese era el título de una canción que le compuse a Dios. Es quizás una de las primeras melodías deliberadamente cristiana. Esa canción prueba el grado de enamoramiento que tenía y tengo por Cristo. Estaba en la ciudad de México filmando el primer video clip del disco, y era el primero que Marlene no me dirigía en toda la vida. Ella había dirigido todos mis videos, y como acababa de dar a luz, esta vez no podía contar con su presencia. Como el clip había que hacerlo sí o sí en México, y como su mamá estaba enferma, decidimos que esa vez Marlene no viajaría. Llegué a la filmación, que duraría unos tres días. El arribo fue por la mañana y nos reunimos a eso de las once en el hotel Nico. La reunión fue con mi manager, el director, el productor y todo el equipo que participaría del rodaje. El mismo comenzaría la mañana siguiente. En ese momento recibo una llamada de Marlene, diciéndome: «Acabamos de ingresar a mi mamá a terapia intensiva y ya no hay nada que hacer, estamos esperando en cualquier momento el desenlace».

Llamé aparte a mi manager, Topy Mamery y le pedí que subiera a mi habitación. «Me voy para el aeropuerto, no me puedo quedar, me tengo que ir». Habían preparado una producción grandísima en la cual trabajarían entre treinta y cinco a cuarenta personas.

23 de septiembre de 1997

Tomé mi maletín, ni siquiera me llevé el equipaje. En ese ínterin llamé a la oficina para que me coordinaran un vuelo a Miami, porque ya los vuelos a Venezuela habían salido. Tenía que pasar la noche en la Florida. Fue una larga, larguísima noche. No pegué un ojo.

Marlene estaba en el hospital con sus hermanos y su papá. Tomé el vuelo a las siete de la mañana. Ni bien entré a la clínica, me dirigí directo a la sala de terapia intensiva. Mi esposa enseguida me vio, me agarró la mano y me dijo: «Ven, que está hablando con cada uno de nosotros. ¡Qué bueno que llegaste a tiempo!»

Entré a la habitación, me paré al lado de ella y, tomándole la mano, le dije que la amaba mucho y que había regresado para estar con ella. Sus ojos me impresionaron mucho, tenía unos ojos muy azules, pero claro ya se había diluido en el color que se le pone a la gente cuando está a punto de irse. Su mirada ya no era la misma. Ella no estaba allí. Salí, las horas pasaban. Nos quedamos todo el resto de la tarde. Nos asomábamos y Marlene entraba de vez en cuando. Había una terraza que salía al cuarto de terapia, muy pegado a donde ella estaba. Salíamos allí y había un vidrio, una rendija, a través de la cual yo me asomaba. La cambiaron de cama y la habían movido hacia el lado central de esa sala, la rendija me permitía ver directamente su cama a través del vidrio.

Llegando la noche, en un momento, todos corrieron hacia dentro y sentí que los debía dejar solos. Ya no tenía que estar allí. Me resultó ser como si estuviera viendo una película muda. A través del vidrio veía las expresiones de todos y los movimientos de sus rostros. Ellos rodeando la cama y yo como un espectador que estaba observando inmovilizado todo ese momento. Se abrazaban entre ellos y abrazaban a Martha.

En ese momento Marlene vino corriendo a buscarme, entramos y empecé a hablar con Dios. Luego Marlene me contaría que ella estaba diciéndole exactamente lo mismo. «Llegó el momento, ¡ahora sí!, el momento del cierre majestuoso tuyo, es momento de que te luzcas y que ahora, que aparentemente se fue, tú la regreses para que todos los incrédulos que están en el lugar caigan de rodillas para darte la gloria».

Estábamos muy enamorados de Dios, y no podíamos permitir la más minina posibilidad de duda de que saldría de esa situación. Ella ya se había ido y nosotros pretendíamos regresarla. Uno a uno fueron saliendo mientras Marlene y yo nos quedábamos allí. Abracé a mi esposa y me preguntó: «¿Va a volver, no?» Paso seguido mi mente me lleva al pasillo de aquel lugar. Sentados Marlene, Martica, Marcia, su papá Rodolfo, Rodolfito y yo. Sale una camilla con ella envuelta en una especie de sábana completamente tapada. No tenía dudas de que era ella a quien estaban transfiriendo a la morgue del hospital. Me puse delante de la camilla para que Marlene no viera aquel momento. Esa imagen la tengo grabada hasta el día de hoy en mi mente.

Ahí entendí que todo había terminado. Ya era de noche. Era tarde y nos fuimos a llevar al papá de Marlene a su casa. Lo dejamos para que se cambiara y descansara un rato. Nosotros hicimos lo mismo.

El otro *flashback* que tengo, es al rato, bañándome y debajo de la ducha llorando, diciéndole a Dios: «Padre, hace dos noches yo estaba aquí y estábamos orando con la seguridad de que ella no se iba a ir, y ahora me estoy bañando para ir a la funeraria. ¿Por qué nuevamente Señor? ¿Por qué queda en duda la seguridad que teníamos de que harías el milagro? ¿Por qué dejaste que gritara al mundo entero que ella se sanaría, porque siento que he quedado nuevamente en ridículo?» Era una pregunta fuerte, ¿verdad? ¡Cuestionando al Creador, al propio Creador de la creación!

~

**¿Por qué queda en duda la seguridad que teníamos de que harías el milagro?**

Nos cambiamos, los niños dormían y las nanas que nos ayudaban estaban cuidándolos. No queríamos compartir con ellos nuestra tristeza. Me tocó a mí dos días después contarles lo que había sucedido. Pero el episodio del velatorio es otro recuerdo que tengo. Ahí me di cuenta de cuánto la amó toda la gente. Te puedo asegurar que ahí estaba toda Caracas. Te digo con todo orgullo que hasta el presidente estuvo como así también el gobernador, y la gente más importante de la industria de la música y del espectáculo.

Era una mujer muy querida, mi padre Rodolfo, ha sido un hombre de televisión de toda la vida. Es un hombre muy conocido y respetado en toda Venezuela, y ella también era una persona que había cosechado el cariño de miles de personas que fueron a verla. No la quise ver después que se fue. Se me hacía injusto poner una imagen en mi cabeza que seguramente no se me borraría diferente a la que tenía de ella con sus ojos celestes tan bonitos.

Una cantidad impresionante de gente fue al cementerio y estuvo bajo el sol. Todos lloramos de manera desconsolada. Yo como si fuera su propio hijo. Reconozco que no tenía la madurez en Cristo que tengo hoy para entender ciertas cosas... que aunque me peguen y me devasten por completo, Dios me da una paz que es exactamente como dice la Palabra, una paz que sobrepasa todo entendimiento, una paz que uno no entiende. En ese momento no la sentía. De esto hace once años; sin embargo, hace apenas dos, murió mi madre, y hace tres mi papá. Esas partidas me tomaron con una paz que yo no conocía. Tuve varios años de entrenamiento para poder «soportar», entendiéndolo en el corazón de Dios lo que significa la partida de un papá o de una mamá.

Al día de hoy los niños se acuerdan perfectamente de la abuela. Mau la recuerda un poco, Ricky se acuerda perfectamente de su niñez con ella. Luego que les dije a los niños, me dediqué a acompañar a Marlene y contenerla, tratando de que ella me contuviera a mí. Luego les escribí una carta a sus hermanos.

A Marcia, Martica y Rodolfo:

El viernes por la noche nos citamos Marlene y yo para llorar. El encuentro fue pautado para más o menos a las once en el sofá marrón a rayas. El del cigarrillo antes de subir a dormir. El del coñac y los conciertos de piano de Ricardo Andrés. Ocasionalmente, el sofá del seno de Evaluna y ahora también el sofá de los lamentos... el de los parece mentira , el del llanto de la ausencia.

Acudimos puntualmente al encuentro justo cuando todos dormían, menos el dolor y nosotros. Pero no es para esto que les escribo. Es por la necesidad de compartir con ustedes tres la más hermosa conclusión de esa noche insomne y trasnochada. En el momento del abrazo que consuela y que a la vez busca consuelo, habló mi corazón en voz alta y dijo: Si ahora mismo me dijeran: 'Pide el más anhelado de tus deseos, el más caro y soñado como imposible; pídelo y se te concederá, pero la condición es que sólo un deseo te será concedido', no habría posibilidad de duda, ni de vacilación. No lo pensaría dos veces, le dije a mi mujer. 'Si eso fuese posible, mi único deseo sería que regresaran a tu mamá'. Se consumió luego el resto del cigarrillo, apagamos las ganas de llorar y nos fuimos a dormir.

Mi corazón esa noche, justo antes de enredar los pies y las angustias hasta el otro día, habló en voz alta otra vez.

Tú y yo vamos a estar juntos siempre... como tus viejos.

Estuve durante los últimos diez años acumulando pequeñas dosis de amor de ella para mí, puñados de sonrisas y lágrimas de ella para mí, y si no era su preferido, no importa, porque igual me lo creí. Me festejaba el gallinero y las canciones, y me hacía sentir especial. Me obligaba a fijarme que las alfombras de área estaban rotas, como si alguna vez me hubiesen importado las alfombras de área. Me hizo sentir siempre que era un buen padre y me pidió oxígeno en Ciudad de México... y en medio del ahogo, me sentí necesario. Me sentí que le era importante, me sentí su hijo.

Discúlpenme los tres por pretender también que este dolor me pertenezca tanto como a ustedes.

Ricardo

# Los años inciertos

Nos consumió la apatía. Y no hay nada peor que le pueda suceder a un cristiano que la apatía. Pues ni siquiera era incredulidad. No pensábamos en nada espiritual, no teníamos ganas de congregarnos. No nos perdimos en el sentido estricto de la palabra —si es que se puede decir así— sino que perdimos el rumbo. Dejamos de vivir y practicar la vida en el Señor. Ese enfriamiento va dando lugar a otro tipo de cosas como darle cabida a ídolos falsos y a personas inconvenientes, de esas que te intoxican.

Nos mudamos a Miami.

No lo habíamos hecho antes simplemente por los padres de Marlene. El papá Rodolfo vino a hablarnos y nos convenció. Nos dijo que definitivamente mi carrera debía enfocarla desde un lugar más estratégico y la Florida era el sitio perfecto. Aparte nos decía que sería muy bueno para los niños aprender otro idioma. Al llegar a Miami, a pesar de las situaciones turbulentas que estábamos viviendo en ese tiempo, el Señor nos regaló la casa en la cual vivimos ahora. Empecé a fijar mi atención en las personas y no en Dios. Conocimos a un señor que hablaba de que tenía una vida espiritual. Era una buena persona, pero no muy creyente. Pero por las cosas que decía, te dabas cuenta de que tenía muchos dones. Era muy buena gente, decía muchas verdades. Se hizo amigo nuestro. Nos confundimos aun más.

Llegué a tener una colección de fuentes de agua en mi casa, porque un profesor de Feng Shui vino y me dijo que había que tener agua en todos lados, que había que equilibrar la casa. Sostenía que la entrada de agua por un lado era más que por el otro. Y había que poner un espejo no sé en dónde ni por qué, y empezamos a disfrazar la casa. Se parecía más a un negocio de venta de fuentes que una casa de familia. Pasé por muchas búsquedas, me empecé a sentir huérfano de respuestas. Busqué respuestas en el Feng Shui, aunque no lo miraba con confianza. Me volví a hacer mi carta astral, como cuando era católico y vivía en Maracaibo.

En esa carencia y el querer buscar respuestas, empecé a ver a una astróloga, tratando que me dijera cosas, grababa casetes de lo que me decía y resulta que no había una sola respuesta que me diera que me dejara del todo satisfecho. Había un enorme vacío en mi corazón, en la búsqueda de los por qué de la vida.

Un amigo mío creía en la numerología, y me prohibía viajar en la cuarta fila de los aviones porque decía que era un número muy malo. Yo estaba tan mal que en más de una ocasión cambié de asiento cuando me tocó la fila.

Fuimos postergando el reencuentro con el Señor. Reconozco que esos años de ausencia fueron entre el 1998 y el 2002. Fueron años de muchos vacíos. Sin embargo, seguía viendo testimonios del Señor y aun cuando no estaba congregándome, y estaba «apático», seguí viendo cosas a mi alrededor que no podían ser nada más que venidas de Él. Como avisos, como señales en la carretera que te decían: «¡Hey! ¡Hey! ¡Es por aquí! ¡Por aquí, por aquí se va a Dios! ¡Pasa por aquí!» Pero yo seguía derecho. Fue impresionante.

Teníamos una familia extraordinaria, un núcleo familiar estupendo, siempre el Señor cuidó mucho eso de nosotros a pesar de todo. Sin embargo, teníamos ciertos lazos a nuestro alrededor que no eran los convenientes. De repente, hubo un encuentro en una de esas señales. ¡Y fue una verdadera señal!

Yo sí desatendí al Señor, Él no me desatendió a mí. Renegué de mi Padre en algún minuto sin decirlo, pero mi Padre jamás renegó de su hijo. Todo lo contrario, nos mantuvo siempre proveyéndonos de lo necesario y fue con abundancia. Vio siempre que éramos buenos y, como en la historia del hijo pródigo, creyó que regresaríamos. Y vaya que regresamos, no sólo regresamos.

# El cuartito

EN JUNIO DEL 2001 LLEGAMOS CON NUESTRA
familia a vivir en los Estados Unidos. El 7 de septiembre firmé
el contrato para comprar la casa. El 8, día de mi cumpleaños, lo
festejamos en un restaurante a orillas del mar en Miami. Sólo con
la familia. Festejamos que ya teníamos una casa en los Estados
Unidos. Ese era mi regalo. Mientras tanto, habíamos alquilado
otra casa al norte de Miami, en Golden Beach. La rentamos
varios meses mientras buscamos qué comprar.

Nadie imaginaría lo que iba a suceder el 11 de septiembre
del 2001. Lo sucedido con las Torres Gemelas fue un golpe
muy grande para la nación, así como para el mundo entero,
ustedes ya conocen esta historia. El día que cayeron las torres,
estaba llegando a la puerta de esta casa, me iba a encontrar con
los inspectores que chequearían el muelle y otras partes de la
estructura. A sólo una cuadra de llegar, escucho al locutor Javier
Romero dando la noticia de que un avión acababa de estrellarse
contra una de las Torres Gemelas. No daba muchos más detalles
de la noticia, por lo cual quería verlo en un televisor, de manera
urgente. En la casa había un vigilante, el cual nos abriría a los
inspectores y a mí. Ni siquiera entré. Luego de golpear, le dije al

hombre que vendrían unos señores a realizar una inspección, que comenzarían sin mí, que volvería en un rato, le dije apurado.

En ese momento que subo al carro hay una alarma gigantesca a través de la radio. Salí a toda velocidad hasta la Avenida Collins y la 53, hasta el edificio donde vivían mis dos hijos mayores, Alejandro y Héctor. Mis movimientos fueron como una ráfaga de viento. Golpeé la puerta fuertemente. Héctor estaba dormido, y le digo: «Prendamos ya la televisión». En CNN y en todos los noticieros del país las imágenes eran las mismas. Quince minutos después vimos el momento preciso del choque del segundo avión con la otra torre. Todo el mundo lo vio en vivo.

La firma del contrato estaba hecha, por lo tanto no había vuelta atrás, ya había comprometido mi dinero en la compra de la casa. Nos entró ese temor generalizado que había en toda la población. Pensaba que si Dios me había traído hasta aquí, movilizando a mi familia, tenía que tener una razón. Que todo eso no era por nada. Teníamos muchísima incertidumbre. Como dije, en esa época estábamos un poco alejados de Dios. Estábamos en esa búsqueda errática de volvernos a reencontrar con el Señor. Seguíamos siendo muy creyentes, pero teníamos dudas en el corazón.

Llamé a Marlene e inmediatamente salí corriendo al colegio donde concurrían los niños. Algunos padres ya habían ido a buscar a sus hijos por el pánico que causaba la situación en Nueva York. Me fui a casa con ellos.

El país se había detenido por completo. Lo único que hacíamos era estar pegados frente a la televisión. Tenía un concierto en la Ciudad de México, pero las fronteras habían sido cerradas, las aéreas y las terrestres. Sólo se podía pasar por tierra con mucha dificultad. El empresario que me había contratado en México pretendía que me fuera a toda costa aunque fuera por carretera para cumplir con el contrato. Pero cancelé mi presentación. Todo era muy incierto. Las calles estaban vacías, el ambiente era muy triste. Con Marlene, íbamos a alquilar películas para entretener a los niños y cambiarles un poco de tema. Entre los pasillos del lugar de renta de películas, la gente se miraba como con sospecha. Era horrible andar en la calle. Todo era incertidumbre.

Para colmo, tenía sobre mi espalda que había acabado de comprar una casa y que tenía que seguir con el trámite. Pensaba en que había puesto todos mis ahorros allí. Todas mis capacidades las había enfocado para venirnos a vivir aquí después de tantos años, para que nos pasara eso. Vinimos a un lugar que se supone que es todo seguro. Empieza después el trauma y el rumor de que a través de los sobres de cartas empiezan a distribuir el ántrax, y veíamos imágenes horribles en la televisión. La incertidumbre era enorme. Teníamos que ponernos en funcionamiento y había algo que no nos dejaba. Habían vulnerado al país perfecto. Habían vulnerado a la potencia más grande del mundo. Le habían dado en pleno ojo.

A finales de ese difícil mes de septiembre tengo del otro lado de la línea de teléfono a Emilio Estefan. «Ricardo, con todo lo que ha pasado con las torres este año, el próximo 12 de octubre se celebra la Herencia Hispana, y todos los años en la Casa Blanca hay un acto con el presidente. Vamos a estar Gloria, Ricky Martin, Juan Luis Guerra y quisiera contar contigo», me dijo.

«Dale, cuenta conmigo. Como sea voy a estar allí».

Eso sería el 12 de octubre en la Casa Blanca. Yo cantaba el 10 en México y el 13 en otra ciudad. Hicimos el espacio para poder estar el día once en Washington. Aparte de nuestra reunión, teníamos que estar antes para una cena y un ensayo. Íbamos a entonar una canción bellísima llamada «El último adiós» que ya habíamos grabado en los estudios de Miami. La habían escrito Gloria, Jean Marco y Emilio. Hicimos los arreglos del viaje y Emilio me dijo que al dar mi confirmación me llamarían del Servicio Secreto para que diera mis datos personales y los de mi manager. A los pocos días, la invitación de la Casa Blanca ya estaba en mi casa.

Tomamos un vuelo directo Monterrey-Washington. Pasamos la fila de inmigración. Entró primero mi manager —que por tener nacionalidad americana no tuvo que hacer fila— y fue directo a donde llegan las maletas. Él sabía que me iba a tardar siempre un poco más porque efectivamente tengo que hacer la cola de extranjero. En esos días seguían las secuelas del ataque terrorista, se cumplía justo un mes del atentado. El ambiente en el país seguía extraño. Todavía había alerta roja en las zonas fronterizas. Cuando llegó mi turno, el americano que me atendió obviamente no sabía quién era yo. La típica pregunta en inglés:

—¿Cuál es el motivo de su visita?

—Vengo a visitar al presidente de los Estados Unidos —respondí.

Él repitió mi respuesta. Me preguntó:

—When? [¿Cuándo?]

—Tomorrow [Mañana] —dije con firmeza.

—Where? [¿Dónde?]

A lo que respondí con más firmeza, en mi perfecto inglés maracucho:

—Tomorrow, Mr. President at the White House. [Mañana, al presidente en la Casa Blanca.]

—Why? [¿Por qué?]

—Because he invited me. [Porque me invitó.]

Se quedó mirándome y pude ver cómo movió su mano por debajo del escritorio. Apretó un botón y se incendió una luz roja.

Aún sin sospechar que algo malo pasaba, me imaginé que, como era el país perfecto, el área de protocolo me estaba esperando y seguramente una comitiva enviada por el propio George Bush vendría a recibirme de inmediato, como si se tratara del Rey de España. Vino otro oficial. Muy alto y grandote. El que me atendió le relató todas mis respuestas. Con cara de alarma, el grandote toma mi pasaporte y lo coloca en una carpeta roja. El hombre dijo:

—Tome su sobre y siga por ese camino. Sólo acompáñeme y haga silencio —todo en inglés.

Entré al típico cuartito del que muchos de los que han entrado a este país saben de qué les escribo. Donde te preguntan desde el número de teléfono de tu abuela hasta el número de zapatos que usas. El cuarto era un salón múltiple donde había no menos de cincuenta tipos, en su mayoría personas de aspecto árabe. Todas las sillas estaban ocupadas, menos una que estaba junto a la pared.

—Siéntese allá —me dijo el guardia.

Yo estaba acostumbrado al «artistaje» y a que me atendieran de primero, a salir por algún lado y a encontrar a algún latino que me salude: «Epa, Ricardito». Pero este tipo me miró amenazante y me dijo:

—Siéntese ahí de una vez.

—Por supuesto, precisamente era lo que iba hacer —le dije sin dudar.

En mi bolso cargaba sólo una revista, me encantan las revistas de barcos. La miraba con un ojo y con el otro observaba a mi alrededor lo que pasaba en el cuartito. Seguí el rastro del oficial mientras llevaba mi carpeta hasta que la puso en una montaña junto a otras. Tuve que esperar mi turno pacientemente. Tampoco podía usar mi teléfono ya que era una zona de seguridad. Un oficial se acercó hasta el grupo de personas que estaba ahí y, dirigiéndose a una, le preguntó por qué razón tenía en su maletín tantos celulares. Tenía como siete. Le preguntó si eran robados. A lo que respondió simplemente que no. El hombre empezó a manipular los celulares. Todos mirábamos con cautela el movimiento de las manos del policía, eso incrementaba nuestro nerviosismo. Con todo lo que sucedía en Estados Unidos, temíamos que al prender los aparatos algo podría explotar.

Hacía tres horas ya que estaba metido allí. ¡Qué susto Dios!

Tuve que esperar que uno a uno fueran saliendo. Se iban llevando a los pasajeros por grupos, algunos se iban de allí detenidos. Muy pocos salían con sus pasaportes en la mano. Y otros nuevos seguían entrando y repletando la sala. La tensión era muy fuerte.

De repente, tuve unas enormes ganas de ir al baño. Tenía que ir, no aguantaba más, hacía mucho tiempo que me había bajado del avión. Quería hacer pipí, así que atiné a levantar mi brazo y el glamour se me fue al piso. Le dije a un guardia lo que estaba pasando y me hizo ir con él. Me llevó a un baño que tenía un retrete de acero inoxidable, como los de la cárcel. El guardia me dice: «Venga, pase por aquí. Camine, pase a mi izquierda». Había un lavamanos de acero inoxidable y un orinal. El oficial se quedó mirándome mientras yo trataba de orinar. No podía porque me miraba y no me dejaba concentrar, hasta que por fin recordé que, tratando de pensar en otra cosa, podía lograr mi cometido. Entonces vino a mi mente lo que haría con mi manager al salir de ahí, por no haber dejado en mi bolso la tarjeta de invitación de la Casa Blanca y habérsela llevado con él. Pude abstraer mi mente del lugar y la circunstancia que me encontraba, y así concluir mi propósito. Salimos y me volvió a dirigir a la misma silla.

Veía que todas las carpetas pasaban menos la mía. Y tenía la incertidumbre de qué estaría pensando mi esposa. Que no sabría nada de mí. Hasta que de repente vino otro oficial, el que me atendió primero con pinta de vaquero que había terminado su guardia y se sentó en una esquina del cuarto, en un escritorio solamente a observarme. ¡Era lo que me faltaba! Me miraba fijamente a los ojos. No hacía otra cosa. Yo leía mi revista, aunque había pasado tanto tiempo que leía hasta las letras chiquitas de los avisos publicitarios. Pero tenía la paz que te puede dar el saber que no tenía nada que temer porque no había hecho nada malo. Sabía que la situación de muchos de los que tenía al lado era complicada, pero yo lo único que le decía a Dios era que me sacara rápido de allí. ¡Sácame de esta situación, vine aquí con un propósito, no hagas que esto distraiga el propósito de esta venida!

Luego de mis oraciones, llega un oficial de inmigración que me dice:

—Míster Montaner.

Me levanté y dije:

—Yes, sir. [Sí, señor.]

Me hizo señas para que me acercara y me dijo:

—I apologize. [Disculpe.] Lamento mucho esta situación. Mr. President of the United States is waiting for you at the White House. [El señor presidente de los Estados Unidos espera por usted en la Casa Blanca.]

Me dio la mano y me dijo:

—Permítame acompañarlo para que pueda salir.

Me explicó que hubo un malentendido, que cuando escucharon que dije que venía invitado por el presidente fue muy sospechoso. Le dije:

—Ustedes quieren que uno diga la verdad, y eso es lo hice.

A lo que me dijo:

—Sí, pero estamos en alerta roja. Imagínese que venga un loco a decir que viene a ver al presidente.

Me dejó en la parte de aduana donde uno presenta el papel azul que corresponde a esa zona. Ya se habían ido todos los pasajeros de todos los vuelos. Ni siquiera había una maleta esperando en las cintas. Ni tampoco ningún oficial de aduana. Veo eso y empiezo a levantar mi mano con mi papelito azul por si algún oficial me veía. Por allá veo en una oficina a uno que, al verme, se me acerca, recibe mi papel de aduana y me pregunta dónde estaba mi equipaje.

—Yo no sé dónde está —le respondí—, probablemente ya lo sacaron y está afuera con mi compañero.

Con voz y un gesto muy parco me regañó diciéndome:

—¿Usted no sabe que estamos en alerta roja por los ataques terroristas?

—Lo sé perfectamente, pero me acaban de dejar cuatro horas en un cuarto detenido en inmigración. Soy invitado del gobierno de los Estados Unidos.

—¿Usted es invitado?

Otra vez dudaron de mí y llamó a otro guardia. Le repite lo que le dije, pero este me conocía, y le dijo que sí, que yo era un artista invitado por el presidente.

Cuando salgo, mi manager estaba afuera hablando por celular con mi esposa. Menos mal que habían sido notificados, porque mi manager preguntó y le dijeron lo sucedido. «Lo que pasa es que las tarjetas de invitación las tengo en mi maleta», me dijo, «Claro, si las hubiese tenido conmigo habría salido hace un par de horas».

No llegué ni al ensayo ni a la cena. Llegué al hotel y bajé a comer algo. Eran las once y media. Había sido un largo día. En la mañana siguiente nos levantamos y fuimos a la Casa Blanca. Emilio había organizado todo muy bien. Ensayamos y, a las dos de la tarde, hizo su entrada el presidente George Bush al salón donde hicimos el acto. Todas las cámaras del planeta estaban encendidas. Cuando el presidente entró, se sentó con su esposa. Los artistas estábamos todos arriba del escenario.

Paso seguido, cantamos la canción. El presidente subió al estrado y dijo unas emotivas palabras, y luego uno a uno nos fue saludando. Cuando habló mencionó la importancia de la solidaridad del hispano en un momento como ese. Me quedé atrás esperando, prácticamente fui el último. Atrás quedaron Gloria Estefan, esperando saludar al presidente. Él se le acercó y conversó amigablemente con ella; luego llegó mi turno. No sé cuánto tiempo estuvo frente a mí, si fueron quince o veinte segundos, el presidente del país más poderoso del mundo, pero Dios lo estaba haciendo de nuevo.

Y le dije, seguro de que entendería un español elemental:

—Presidente, Dios lo ama y quiere que siga su camino con Él.

En un español casi perfecto me respondió:

—Muchas gracias, estamos en guerra, y tengo confianza en Dios que vamos a ganar.

Jesús lo ama le repetí, Dios lo bendiga, siga su camino con Dios.

Ese fue el final de mi breve encuentro con el presidente Bush, tras dos días de peripecias. Pasé todo lo que les conté para esos únicos veinte segundos. Su mirada fue directa a mis ojos, me sentí privilegiado, pero lejos de todo «farandulerismo» pienso que ya Dios, sin yo saberlo, comenzaba a confirmar lo que pasaría años más tarde.

«Ve y recorre las naciones, habla con los hombres de poder sobre mí, diles que está prohibido olvidar, que sólo hay un Mesías, que no hay dos. Que no jueguen a serlo». Alguien me diría esto en profecía un tiempo después. Por eso siempre digo que Dios me pescó sin yo haberme enterado, cuando apenas era un muchacho. Y me fue protegiendo y preparando. Ahora me tiene a su servicio.

Solo con mi revista de barcos, mi celular sin funcionar, la alerta roja, inmóvil en un cuarto múltiple, con el glamour por el piso y unas ganas sobrenaturales de hacer pipí. Algo que sólo he contado en la intimidad de mi hogar.

# El día que el Señor
# y yo hicimos las paces

VENÍAMOS LLEGANDO DE DISNEY UN domingo por la tarde, luego de manejar cuatro horas. Apenas a cien metros de casa había una iglesia. Nunca me había llamado la atención. En la zona donde vivo, cerca de la playa, es difícil encontrar iglesias cristianas. Por más que hubiésemos querido congregarnos, no teníamos donde, ni nos molestamos en encontrar una. Cuando les mencionaba lo de la señal, les hablo literalmente de eso. Había dos muchachos que sostenían una lona escrita. Uno de ellos era muy flaquito. La lona decía: «Servicio cristiano en español» a las cinco de la tarde. Eso también era raro por esos lados. Le digo a Marlene:

—Mira eso.

Marlene me dijo:

—Regresa y preguntemos.

Entonces dimos una vuelta en U. Me meto ahí y le digo al muchacho:

—Hola, ¿hay servicios cristianos aquí?

—Bienvenido —me dice—. En media hora comenzamos. Estacione y venga.

—Vivo a una cuadra de aquí, regreso en media hora entonces, porque estoy llegando de viaje. Déjame ir a casa.

Cuando entramos a la casa le digo a Marlene:

—¿Qué te parece si vamos?

—Te iba a decir lo mismo. ¡Vamos, vamos! Bajemos las cosas del auto y regresemos allí.

El señor Roberto y la señora Dora nos estaban esperando, así que les dijimos que nos ayudaran con las maletas, y cuando lo terminamos de hacer nos montamos nuevamente en el auto, y fuimos a la esquina. Había dos o tres autos más. Era una iglesia bastante grande, con capacidad aproximadamente para doscientas personas, pero eran sólo unos pocos. Dos servidores, eran Fernando con su esposa Naty, un muchachito flaquito con un piano y unas pistas. Era Gerson, prácticamente en pañales. Estaba el pastor Marcelo con su esposa Lily y su hijo Ezequiel. El señor Miguel Castañeda, su esposa Triny, sus tres hijos y estaba Camila, que tenía trece por aquel entonces. Pero yo le calculaba que era menor aun, como de diez o doce. Ella tiene síndrome de Down, es una de mis preferidas.

Comenzó el servicio y nos dieron la bienvenida.

Cuando llegamos, Fernando anotó mi nombre, el de Marlene y el de los niños. El pastor Marcelo, antes de comenzar el servicio, estaba parado al lado del altar. Nosotros engordábamos el rebaño esa tarde. Luego me contaría que cuando me vio entrar no entendió nada. En su relato me dijo que cuando le acercaron la tarjeta de bienvenida que usaba la iglesia para los que visitaban decía: «Ricardo Montaner». Él pensó que se trataba de una broma de sus colaboradores, por lo que dejó la tarjeta para el final, para seguir con el chiste. Leyó dos tarjetas antes, y cuando dijo mi nombre y apellido pensando que se reirían, yo me puse de pie. No lo podía creer. Un par de meses antes él había estado predicando en Chile, y había viajado con su amigo el doctor

Ruiz. Me contó que fueron una noche al Festival de Viña del Mar de ese año 2003 y me vieron cantar. Eran dos *fans* más en el concierto. Y recuerdan que había estado hablando de Cristo en ese lugar y de lo importante que era estar cerca de Dios.

Toda la vida me había oído cantar. Acababa de llegar en diciembre a Miami y eso fue entre marzo y abril. No entendía nada de lo que estaba ocurriendo. Luego me dijo que pensaba que sería mi debut y despedida en la iglesia. Tenía una congregación que se reunía siempre y de repente entra este familión, los Montaner, que no vinieron referidos por nadie, sino que llegaron exclusivamente atendiendo a una señal más. Marcelo dijo que no creía que luego de ver esos ocho gatos locos yo tendría ganas de regresar. «Aparte de eso, cantábamos tan mal, éramos tan pocos y tan desorganizados», y añadió: «A veces el Espíritu ecualiza las voces y seguramente le hizo sentir cosas que solamente Papá Dios le haría sentir a su hijo artista en ese momento». Esa tarde «vi a un artista comunicándose con su padre, y al Papá hablándole a su hijo artista», dijo Marcelo Fattore.

Esta vez la señal surtió efecto y paré. Ese día, me reconcilié con el Señor. Ese día lo entendí. Comenzó el servicio. Camila, la niña que mencioné, sabe todas las danzas que se hacen en la iglesia, y actualmente lo sigue haciendo. Me senté en las primeras filas. Camila estaba danzando en medio del pasillo mientras Gerson cantaba. Dos chicas más la acompañaban al costado, también danzando. La forma en que vi a Camila adorando al Señor me ministró tanto y tanto en el corazón que no puedo explicarlo con palabras. En un momento Camila viene, me abraza y ora por mí. Hoy lo escribo y me conmueve, desde aquel día que regresé, no hay uno que no vea danzando a Camila, y pareciera que el Señor me la pusiera a propósito. El día que Camila no va, el servicio para mí no es el mismo. Amo la manera en que predica el pastor Fattore, amo a mis hermanos de la iglesia, pero los servicios son distintos cuando Camila no está. El pastor pidió que oráramos por nuestros hermanos, Camila puso sus manos sobre mi cabeza y oró de manera conmovedora. Aún lo hace, hasta el día de hoy.

Una constante en mi vida, como lo habrán visto en este libro, es que siempre hay niños a mi alrededor. Siento que Dios me habla a través de ellos. Sentimos que Dios nos dio la tarea a Marlene y a mí, de trabajar para Él a través de la niñez, y aunque sea poco lo que hagamos comparado con la inmensidad del reino de Dios, trabajamos en función de que cada niño se sienta bien y pueda sonreír. Siento que el anzuelo que utilizó Dios para hacerme regresar fue Camila y ese cartel que estaba ahí. Él preparó esa cita especial en Miami Beach, en donde uno menos se lo imaginaría, en la ciudad de la noche.

A partir de ahí regresamos entusiasmados y con ganas de hacer cosas. Querer ser soldados y no esperar que las cosas vinieran solas. Comenzamos a dar pasos de fe formalmente. Junto con el pastor Marcelo, comencé a trabajar para mudarnos de ahí. La primera vez nos mudamos a una discoteca, la convertimos en iglesia, pero no nos sentíamos a gusto. El Puma —José Luis Rodríguez— fue a congregarse con nosotros y no volvió, creo que el ambiente del *rock and roll* lo espantó. Nosotros estábamos muy enamorados de la iglesia y del Señor nuevamente.

Comenzamos a trabajar con el pastor Marcelo, con sus colaboradores, en procura de un lugar donde pudiéramos estar. El pastor consiguió uno que se quedaría vacío, en la calle 170 y Collins, donde se tramitaban licencias para conducir. Lo alquilamos dando un paso de fe. La iglesia, que éramos los quince Montaner y otros más, fue creciendo y creciendo. Comenzamos a tener servicios de ciento veinte personas, servicios bellísimos. Nos daba mucha emoción hacer eso. Hasta que dimos un gran salto. Un día dijimos: «Hagamos un concierto». Así fue mi primer y único concierto cristiano en toda mi vida, aunque a medias, porque canté mi repertorio habitual. Utilizamos a los hermanos en Cristo de Miami para reunir fondos para nuestra iglesia, recaudamos ochenta y cinco mil dólares y, con ese dinero, pudimos subsistir varios meses.

El concierto fue en el mes de febrero. Nos prestaron una iglesia en Kendall con capacidad para seiscientas personas. Fuimos por las iglesias hablando del evento y nada. Las entradas no se vendían. Pero de repente Dios actuó, las vendimos todas. Fue un concierto inolvidable, hasta mi hija Evaluna danzó esa noche. Me presenté con la mitad de mi banda y algunos músicos amigos que querían colaborar. Como siempre, me dirigió y tocó el bajo, José Ramón Villasmil. En medio del concierto, entre canción y canción, empecé a sentir que el

> **Qué bueno que volvieron, vamos a olvidarnos de todo lo que pasó.**

Señor ponía algo en mi corazón que era imposible de disimular, imposible de callar. Otra señal. Inmediatamente lo dije por el micrófono: «Dios ha puesto en mi corazón que en exactamente cincuenta semanas tendremos nuestro propio templo y que este dinero que hemos recogido hoy nos servirá para mantenernos mientras tanto, pero que en cincuenta semanas dejaremos de alquilar y nuestra iglesia tendrá un lugar propio para ofrecer sus servicios y evangelizar a Miami Beach».

En octubre del mismo año, con ese dinero, un préstamo y otro poco que conseguimos por allí, logramos dar la cuota inicial de nuestra propia iglesia. Hoy es una congregación que tiene quinientos miembros. Tenemos los servicios de los miércoles y los domingos llenos. Es un éxito de Dios en Miami Beach, aunque no sea una zona normal para una iglesia cristiana.

Volviendo a mi reconciliación y a los pasos de fe, sentimos que Dios nos tomó en sus brazos, cansados y lejos de rechazarnos, nos dijo: «Aquí estaba, esperándolos. Qué bueno que volvieron, vamos a olvidarnos de todo lo que pasó».

Esos años inciertos no hicieron otra cosa sino reconfirmar que el camino derecho es el camino de Dios, y no sólo todo volvió a su cauce, sino que también mis hijos mayores encontraron al Señor. Ricardo Andrés, Mauricio y Evaluna recibieron a Cristo. Tengo cinco hijos cristianos, Ricardo Andrés y Mauricio le sirven a Dios, tocan en la iglesia y han armado su banda llamada «¿Q?» (¿Qué haría Él?). Cantan, tocan la batería, componen, tocan la guitarra y, lo mejor, su círculo de amigos se desarrolla en la iglesia, son amigos en Cristo también. Mi hija Evaluna sirve en la iglesia los domingos, también con los bebés, junto a la familia Castañeda. Somos una familia cristiana que practica la vida en Cristo.

No debí haberme alejado, pero si de algo sirvió haberlo hecho es porque ahora valoro muchísimo más lo que es vivir en Cristo. Pasé más de cuatro años. Demasiado tiempo jugando al escondite, pero no hay caso... uno no se puede esconder de Él, Dios sabe siempre dónde estamos.

La incertidumbre sirvió, de alguna manera, para educarnos un poco y para darnos la experiencia de saber qué se siente al estar deambulando sin un rumbo fijo. Nosotros encontramos nuestro norte nuevamente y aquí estamos aferrados a él. Muchos me miran con incredulidad, con rareza, pero todo el mundo me dice: «Quiero tener lo que tú tienes».

Es algo que nosotros como familia emanamos. Esa felicidad no tiene otro nombre. Amigo mío, no le busques cinco patas al gato. No es una portada. No es una fachada falsa, es pura y sencillamente vivir a plenitud. Desde aquella tarde de nuestro reencuentro, allá en la iglesia en Pine Tree Dr., todas y cada una de las mañanas, encerrado a solas con Dios, desnudo ante su presencia repito: «Señor, hazme oír esta mañana tu misericordia» (Salmo 143).

Una vez dije que tanta felicidad me daba miedo. Como ser humano no deja de atacarme algún temor y, a veces, de tanto y tanto que soy feliz me da miedo. Porque uno sabe que el camino de Dios no es fácil. Dios no dice en ninguna parte que como estamos ahora vamos a estar siempre. Él nos da paz en esas incertidumbres pero, de vez en cuando, no dejan de estar ahí esas dudas. Dios no te dice que no va a llover, pero te da un paraguas para que te cubras. «Tomad la armadura de la salvación y la espada del espíritu que es la palabra de Dios» (Efesios 6.17).

Podrás pelear con Él. Podrás no entender muchas veces su método ni su manera. Posiblemente jamás descubras el porqué de sus misterios, pero Él es Dios. Y tiene claro en qué momento van a sucedernos las cosas y también sabe por qué. No intentes entenderlo. Él es Dios.

Es posible que estés pasando por el sufrimiento de una gran pérdida. Seguramente estás creyendo que no hay dolor como el tuyo. No te crees merecedor de esa carencia porque sientes que eres bueno. Pero no es tu tiempo, es el de Él. No es cuando tú dices, es cuando Él dice. No es cuando tú quieras, es cuando Él quiera.

Cálmate y espera... Y créeme, sé que no es fácil, sé que es duro. Busca tu medallita, tu mensaje acuñado en tu anillo: «Esto también pasará».

# *Frágil*

Facundo Cabral cuenta que un día fue al aeropuerto a recibir a su esposa, cuando ve en las pantallas de los indicadores de vuelo que el avión donde venía ella había sufrido un accidente. Cayó de rodillas, abrió sus brazos, y dijo: «Ahora sé quién manda».

Cristina es una amiguita del colegio de Evaluna de trece años. Estaba en el balcón de su casa jugando con su hermanito mientras se entretenía con su Blackberry. Un movimiento en falso la hizo perder el equilibrio y cayó al vacío desde el piso cuarenta y uno. En fracciones de segundo Cristina dejó de respirar. La noticia corrió como pólvora en todo el colegio. Tanto los estudiantes, como los profesores y maestros entraron en una congoja gigantesca, En un pozo de tristeza muy grande.

Una tarde de domingo en Maracaibo, mi papá y yo estábamos viendo un partido de fútbol de la selección Argentina, algo que a ambos nos apasionaba. En un momento dado mi papá me dijo: «Acompáñame hasta el fondo que quiero hablar contigo». Empujé su silla de ruedas hasta el extremo opuesto del largo pasillo que nos llevaba a la otra sala de la casa. Ese día me dijo: «Temo que las cosas no estén del todo arregladas para cuando ya no esté aquí». Quería darme algunas indicaciones para que yo procediera en el momento preciso. Le dije que se quedara tranquilo, que no teníamos que hablar de eso en ese momento, que todo estaba arreglado y no había de qué preocuparse.

**La línea que nos separa del estar y el nunca más, es demasiado delgada.**

Horas más tarde mi papá se iba para siempre...

⌒

Un par de años después, luego de un vuelo interminable entre República Dominicana y Maracaibo, llegué a la habitación del Hospital Coromoto. Mi mamá apenas reaccionaba a los estímulos de una canción a capela que yo le interpretaba para animarla. Iba y volvía. Pasé la noche con ella. A la mañana siguiente, casi a las seis, entré al baño y me di una ducha. Le di un beso interminable y cuando su respiro era apenas un pequeño soplo, salí corriendo directo al aeropuerto. Subí al auto y, a los cinco minutos, cuando apenas iba por la esquina del hospital, me llamó mi hermana para decirme que ya mamá se había ido. Lo único que quería era llegar a Miami, tirarme en la cama. Dejar que Marlene y los niños se subieran encima de mí a consolarme. En lo que significaría el cable que me sujetaba a la vida a pesar del desconsuelo.

Un terremoto sepultó a miles en el interior del Perú.

Ayer murió el presidente Alfonsín, que hasta hace nada dedicaba una vida activa al servicio de su país.

Frágil... la vida es muy frágil, la línea que nos separa del estar y el para siempre; del estar y el nunca más, es demasiado delgada. No sé hasta dónde seremos conscientes de eso. De lo frágiles y vulnerables que somos. No sé hasta qué punto el ser humano puede hacer caso omiso a tanta violencia, a tantas muertes en vano. ¿Cómo podemos ser indolentes ante lo que pasa en la Franja de Gaza? ¿Cómo puede al ser humano no importarle que en países del África mueran miles a diario a causa del SIDA? ¿Cómo podemos creer que no nos corresponde enterarnos de las desgracias que les ocurren a los seres humanos?

¿Cómo no detienen la vida cada vez que alguien de nuestro entorno se va para siempre? ¿Cómo no se para el planeta? Somos demasiado frágiles y me da miedo tanta fragilidad. Me da miedo no llegar a tiempo, no concluir con el mandato de Dios en mi vida. Por eso vivo como vivo... pensando en el presente sin mirar fotos antiguas. Como me dijeron una vez, pensando que el hoy es todo lo que tengo; por eso lo exprimo y lo veo a bocanadas.

# El perdón y el olvido

TENGO UNA GRAN CAPACIDAD PARA EL
perdón, pero una superior para el olvido. Está bien que uno
perdone y que no guarde rencor por alguien que alguna vez te dio
un guadañazo.

Creo que tenemos que huir rápido de la gente tóxica. Me ha
tocado tener que deshacerme de afectos muy importantes, de
gente que he querido entrañablemente y he tenido que alejarme
de ellos a pesar de ese amor.

Tuve que alejarme de gente que yo amé mucho. No es
que uno es puro vapor de agua, simple, puro. Todos tenemos
toxinas en nuestra vida, en muchos casos agredimos las vida de
los demás, y en otros más graves nos vulneran todas nuestras
capacidades y nos debilitan como vampiros. Sin querer y
queriendo. Tomé distancia de gente muy importante para mí
porque era necesario. Pero tuve que hacerlo por la toxicidad que
esa relación significaba. Hasta me ha pasado con gente que ha
trabajado conmigo y que he querido mucho. Familiares que he
amado en lo más profundo. Sangre de mi sangre. Algo imposible
de creer y pensar. Me terminaron cansando, agotando y dañando
muchísimo. En el capítulo «Siembra» hablé sobre esto.

Yo sembraba y lejos de regresarme la gratitud y el amor que uno espera a veces de los demás, me regresaron una indiferencia enorme. Tenía un familiar al que ayudaba mucho, no me perdonaba a mí mismo ver cómo mi vida iba emprendiendo y creciendo, mientras veía como él se quedaba atrás. Hacía lo que no había hecho con nadie, le financiaba sus sueños, sus ilusiones, le tuve que enseñar a soñar porque ni idea de eso tenía. Como dije otras veces, era uno de esos que transcurren, que no se han enterado de que están vivos. Le empujaba para salir adelante. Hasta sugerí llevármelo a trabajar conmigo para que echara hacia adelante. Hablaba bien de él, para que la gente lo tomara en cuenta.

Una vez le puse en las manos una empresa para que avanzara. Estuve siempre pendiente de sus cosas. Pero veía que las respuestas eran agresivas. Incluso, en una oportunidad, me dijo: «Tienes la obligación de hacerlo, tú eres un ganador». Recibía llamadas y cartas en las que me decía que tenía que seguir financiándolo. Veía que algo raro estaba pasando. No entendía por qué no había retorno de la inversión, pero mucho menos entendía que tampoco retornara el amor y el cariño.

Un día se me dio por averiguar. Cuando lo hice, supe que esa persona había vendido todo lo que le había dado y se había gastado todo el dinero. No sólo no me dio explicaciones, que no se las pedí, y lejos de decirme: «Metí la pata, me hubiese gustado hacerlo de otra manera», me quitó el habla. Recibí una llamada de su propia esposa, reclamándome por qué ya no estaba más pendiente de suplir sus necesidades económicas.

La gente que me rodeaba me decía que yo estaba loco, que cómo era posible que le entregara a ese tipo un sobre con un cheque en blanco para financiar su sueño. Yo me excusaba con que era de mi familia y que lo tenía que apoyar. Me dijeron que jamás valorarían eso que hice. Eso es un poco el *highlight* de este tema. El día que dejas de pagar a tu entorno por tu éxito, ese día te van a voltear la cara. Te van a despreciar en todo y te van a execrar de la familia.

El día que dejas de abrir la caja y de poner ese centavo, ese peso y ese dólar, hasta ese día duró el amor. Hasta ese día serviste.

Cuando te ponen condiciones para el amor y el cariño, algo no está funcionando.

Lo bueno de todo eso es que en mi reflexión —lejos de hacerme sentir como un tonto—, me hizo sentir que he crecido mucho con los golpes que he recibido. Porque de no haber sido por ello, no hubiese aprendido nada. Otra cosa positiva es que siempre he tenido a alguien que me advirtiera de los errores que estaba cometiendo. Siempre es bueno tener a alguien cerca. Marlene en muchos casos, mi primo Fabián Ferreiro en otros, ellos que son esas personas que te dicen las cosas aunque no te gusten. Que jamás te van a decir algo para complacerte, jamás te van a decir algo que estés esperando y quieras escuchar si eso no es lo que ellos piensan.

En más de una oportunidad me topaba con la mirada reclamante de Marlene o con la llamada oportuna de Fabián diciendo: «Pero vos sos un pelotudo. ¿Hasta dónde vas a llegar?» Y la verdad, verdad, verdad, es que soy medio pelotudo... Porque hay seres vivos medio pelotudos, y los hay completo. Y pensándolo bien, ¡pertenezco al último grupo! No sólo me refiero al aspecto de dar dinero, sino a que uno se da en todo el sentido de la palabra. Lo malo es que uno a veces pone su corazón al servicio de la gente equivocada.

Lo importante de todo eso es perdonar. Lo importante es estar consciente de que por algún otro lado pude haber cometido un grave error y lo estoy pagando. Eso también se vale.

Estoy consciente, porque lo dice la Palabra de Dios, de que Él me perdonó a través de su propio sacrificio y me perdona todos los días. Sé que Dios tira todas mis culpas, todos mis pecados, al fondo del mar, a lo más profundo, a donde yo no puedo llegar, hasta donde ningún hilo de pescar puede llegar.

A pesar de conocer que Dios perdona y olvida mis faltas, como ser humano, muchas veces me vienen a visitar los fantasmas del cargo de conciencia y los errores cometidos. Pero es cuando le pido a Dios que en su misericordia me ayude a olvidarlo como Él los olvida.

Ni he sido muy bueno, ni tampoco he sido muy malo. He cometido errores con mucha gente. Les he pedido perdón a muchos de ellos. Y hoy quiero pedirles perdón a muchos que no están cerca de mí. Por si acaso esa lejanía se debe a una acción mía. Quiero pedirles perdón a mis padres, por si alguna vez, mis ideas o mis conceptos respecto a la vida ayudaron a alejarme de ellos. Quiero pedirle perdón a mi hermana, si algo que he hecho, pensando y creyendo que tenía la verdad, haya contribuido a dañar su corazón. Quiero pedirles perdón a todos aquellos que me estén leyendo y que sepan que he tenido alguna acción alguna vez que les haya lastimado el corazón. Y aunque no espero escuchar la palabra perdón de parte de nadie, de los que dañaron fuerte y grandemente mi corazón, quiero que sepan que los perdono a todos y que se ahorren la llamada, el e-mail o el viaje. No se preocupen, yo los perdono, no siento nada malo por ustedes.

> **Muchas veces cuando tu vida es nueva, exige eso, que limpies los umbrales de rodillas con dolor aunque no quieras.**

Muchas veces cuando tu vida es nueva, exige eso, que limpies los umbrales de rodillas con dolor aunque no quieras. Perdono a quien hirió mi corazón y a quien timó mi alma, a quien timó mi vida y ¿por qué no? también me perdono a mí mismo por haberme agredido tantas veces.

No siento ningún tipo de rencor y no hay nada que me quite el sueño por lo que me hicieron pasar.

Dios se encargó de esas heridas, cambiándomelas por satisfacciones, por alegrías, por otro tipo de bendiciones que han llegado a mi vida. Ningún sedimento hay en mi alma de algún golpe o herida que me hayan causado. Mis heridas las ha curado Dios y le he pedido que me ayude a curar las que yo he provocado.

> **Perdonar y ser perdonado es el comienzo y el primer escalón de toda la plenitud del hombre.**

Si no hubiera sido por los errores que muchas veces he cometido, mi vida se habría privado de conocer las bendiciones que recibí. Si nunca hubieses estado triste, ¿cómo habrías conocido la alegría? Si no hubieses cometido el error de haber lastimado a alguien, ¿cómo habrías sentido la necesidad de ser perdonado como lo sentí cuando entregué mi corazón a Cristo? Si le he faltado a los seres humanos, ¡cuanto más le he faltado al Creador del universo! Si has tenido en tu vida la experiencia de negar a un hermano, a un padre, a un familiar; y has vuelto a casa como el hijo pródigo, y te has sentido bienvenido y perdonado... ¡imagínate lo que es llegar a los brazos del Padre de la creación arrepentido y dispuesto a nacer de nuevo! Perdonar y ser perdonado es el comienzo y el primer escalón de toda la plenitud del hombre.

Ahora te quiero hacer unas preguntas: ¿Crees que debes ser perdonado? ¿Crees que debes pedir perdón? ¿Crees que has caído en el error nuevamente? ¿Que reincides en el mismo error constantemente? Créeme que a esta altura siento que te estás acercando a un momento trascendental de tu vida. El día que descubras la dimensión que puede tener el acto del perdón hacia otro ser humano, comenzarás a aprender lo infinitamente maravilloso que significa el perdón de Dios.

## La Ventana de los Cielos

Era el año 2004 y ya estábamos viviendo en Miami.

Un día, Marlene y yo meditábamos sobre si estábamos o no sirviendo de la manera correcta. Sentí que Dios habló en estéreo ese día. Estábamos hablando. Pienso que cuando Dios te habla, no necesariamente lo hace porque estés sentado frente a un altar, arrodillado o con los brazos abiertos hacia el cielo. Creo que muchas veces Dios te puede hablar manejando tu automóvil. Te puede hablar escuchando una canción en la radio, a través de lo que un locutor diga. Creo que Dios puede hablar a través de la mirada de la gente. Te puede hablar cuando te encuentras con el jardinero y cruzas un par de palabras con él.

Hay millones de maneras que Dios utiliza para hablarnos. Aunque pienso como cada uno de los que está leyendo este libro, nada sería más bonito que escuchar directamente a Dios, con voz audible diciendo: «Hola Ricardo, soy Dios, ¿cómo amaneciste hoy?» Si algún día Dios se me aparece y con su propia voz me dice algo, caeré desmayado de la impresión. Sería demasiado grande para este pequeño y finito ser humano como para entenderlo. ¿Qué haría con mi ego si eso pasara? Pienso que Dios dosifica de esa manera su forma de comunicarse con nosotros, para que lo podamos entender. No me imagino a Dios como un paladín de la justicia de esos que vienen volando como Superman y se aparece para salvarte. Dios puede estar en otro lado y al mismo tiempo hablándote a ti, y a miles de personas más.

Así que estábamos conversando en cuanto hacia dónde deberíamos orientar nuestro servicio a Dios. No nos sentíamos conformes con servir exclusivamente en la iglesia. Trabajábamos codo a codo con el pastor, tratando de buscar mejores caminos para la comunidad de Miami Beach. Estábamos con esa necesidad que Dios mismo te pone en el corazón, para que seas tú el que busques de Él y encuentres el camino por donde debes seguir. Esa tarde, Marlene y yo llegamos a la conclusión de que teníamos que buscar un terreno, un lugar donde plantar esa semilla, donde deberíamos hacer esa siembra. Y qué mejor lugar para hacer una siembra que el campo. En efecto, fuimos avanzando en la conversación hasta llegar al punto de que lo que íbamos a buscar era un pequeño campo. La pregunta era: ¿Qué iba a pasar en ese campo? ¿De qué manera íbamos a servir? Siempre tuvimos claro que iba a ser a través de la niñez. Pero, ¿cuál niñez? ¿Qué tipo de cosa íbamos a hacer? ¿Cómo íbamos a iniciarlo? ¿Cómo se iba a llamar el proyecto?

Empezó a fluir un manantial de ideas interminable, nombres para la fundación, tipos de cosas que podíamos poner. Pensamos que debíamos tener muchos animales y muchas plantas también. Tenían que ir niños que necesitaran de la vida con animales y plantas, que el tacto fuera importante. Que debía haber lugares en los que el niño pudiese combinar de alguna manera el proceso de la creación. Dios fue tan perfecto que nos puso las plantas, las flores, los animales y el agua, y de qué manera. Recrear un lugar especial, una granja de contacto. Y, a través de la niñez, poder evangelizar a los padres que aún no conocían lo que Dios tenía para sus vidas.

Ahí surgió la pregunta: ¿Qué tipo de niños queríamos? ¿Niños de escasos recursos? Concluimos que los pequeños con capacidades especiales suelen ser los más urgidos de todos los niños necesitados, y suelen ser al mismo tiempo los más relegados de los pequeños olvidados. Los que están al final de la fila de la necesidad. Si hay un problema que sufre la niñez de nuestro continente es que han sido olvidados, que hay millones que están sufriendo por el olvido de nuestros gobiernos. Y los niños sufren porque no comen, porque no tienen acceso a una educación temprana, ni a una educación completa, ni tienen acceso a vivir en sociedad con todos los privilegios que esta les debe dar.

Entonces decidimos que los más olvidados de todos eran los niños que presentan capacidades especiales. Y concluimos también que una granja de contacto para niños con capacidades especiales era aun más importante que para un niño típico. A medida que se nos ocurrió eso, empezamos con el sueño. El lugar tenía que ser precisamente como lo habíamos soñado, como lo teníamos en nuestra imaginación. Un lugar donde tuviésemos la oportunidad de utilizar la naturaleza como elemento principal.

Empezamos la búsqueda por el norte, por West Palm Beach, Palm Beach, Wellington, la zona de Weston. Veníamos bajando del norte hacia el sur de la Florida. Mientras más al norte íbamos, era más costoso. Fue como si hubiésemos empezado por el penthouse y fuésemos bajando piso por piso, millones de dólares con los que no contábamos. Empezamos a desesperarnos hasta que entendimos que si Dios nos puso la inquietud en el corazón también nos iba a conseguir el lugar, de modo que el dinero iba a ser suficiente para poderlo comprar.

Pasamos casi un año buscando lugares. Utilizábamos los fines de semana que yo estaba en Miami, hacíamos citas y reuniones para ir a ver terrenos. Era tanto nuestro afán y ganas de encontrar algo que llegamos hasta el lago Okeechobee. Manejamos cuatro o cinco horas al centro norte del estado de la Florida. ¡Pero Dios cuando te la pone clara, te la pone clara! Busquen al sur, nos decía nuestro corazón.

Hubo cualquier cantidad de impedimentos, vimos terrenos por todos lados, y había obstáculos de todo tipo. Cuando nos gustaba el terreno, era muy intrincada la llegada. Había que viajar tres o cuatro horas en carretera y poder llegar hasta allí no sería sencillo. Después de tanto dar vueltas, un día domingo fuimos a ver un terreno que nos ofrecían y que tenía una casa muy bonita. Nos desilusionamos... era muy caro. ¡Mucho camisón pa' Petra! Tratamos de convencer a la persona de que nos rebajara el precio, de negociarlo... y con un no gigantesco de por medio salimos de allí.

La persona que nos acompañaba nos dijo: «Tengo un terreno de cinco hectáreas que quiero que vean. No sé si les va a gustar, pero veámoslo». Entramos, y nuestra vista se perdió entre más de cuatrocientos árboles frutales de lichi. Nuestra imaginación volvió a sonar nuevamente como una alarma. Nuestra mente comenzó a girar y a sonreír nuestro corazón.

Te escribo este relato desde un pequeño rincón de la terraza de nuestra fundación «La Ventana de los Cielos». Cinco años más tarde, aquí estamos. Transitando el sueño... viviendo la felicidad mientras vemos la de nuestros sobrinos.

Hemos visto milagros en La Ventana de los Cielos. Niños que han caminado luego de bajarse de su terapia con los caballos. Si ves eso, no lo podrías creer. Stephany, la hija de Ivelisse, no caminaba y tenía más de tres años. Le dieron equinoterapia por varias semanas, y un día vino caminando a abrazarme. Eso fue hace más de un año. Si llegaras a ver la cantidad de padres de la fundación que han llegado a reconocer la presencia de Dios en la vida de sus hijos, te quedarías impresionado.

La Ventana de los Cielos y la labor con los niños es el camino a nuestra visión. Estoy seguro de que Dios quiere que tengamos una fuente en cada país del continente en la que haya gente recibiendo su palabra a través de la excusa de los niños. La Ventana es un proyecto familiar, Marlene se rompe el alma y mis hijos también participan. Para mí no tiene precio el aprendizaje que ha significado para Evaluna, para Ricky, para Mau. Ellos también son voluntarios allí. Cuando los ves y te fijas en lo que el Señor ha hecho en tus propios hijos tratando con esos niños, dices: «Esa ya es mi recompensa. Tengo una familia llena de sensibilidad». Tengo unos hijos que, viendo eso, se han sensibilizado más todavía.

Mis amigos no entendían lo que estábamos haciendo, pero con el tiempo se han ido dando cuenta de que nuestra fiebre cada vez aumenta más. El trabajo con La Ventana de los Cielos lejos de ser un hobby o un entretenimiento para los momentos libres, hoy en día ocupa el ochenta por ciento de nuestro tiempo. Emprendemos proyectos de los que dirías: «Estos tipos están completamente locos». Sin embargo, todo eso viene de lo mismo y se resume en una sola frase: ¡Son pasos de fe!

**Eso es la vida para nosotros. Sembrar y dar pasos de fe.**

Me detengo y me doy cuenta de que en varios momentos —en el libro— hablamos de siembra y de los pasos de fe, y eso es la vida para nosotros. Sembrar y dar pasos de fe.

Había que hacerles instalaciones acordes a las necesidades de los niños, desde los corrales para los caballos, hasta dónde iba a vivir cada animal. Necesitábamos las jaulas donde vivirían las aves, teníamos que tener unas instalaciones con techo donde los niños pudieran recibir terapias de arte, un salón multiuso, oficinas, baños, con la medida exacta que exige la ley para que pueda entrar una silla de ruedas. Todo es complicado y se necesita mucho, muchísimo dinero para lograrlo.

Había que tomar en cuenta que la única plata que teníamos era la mía, que ingresaba gracias a mis conciertos. Cuando una persona pública como yo arranca con un proyecto como este ocurren varias cosas: Al ser una persona pública tienes que usar tu propio dinero. Te encuentras con algunos amigos cercanos que creen que lo estás haciendo para bajar tus impuestos. ¡Y nada más lejos que eso! Otro problema que tiene un artista cuando arma una fundación como esta es que nadie quiere poner un centavo pues todo el mundo piensa que no lo necesitas. Dicen: «¿Para qué le voy a dar plata a este? Mejor no. Vamos a dársela a otro organismo u otra fundación porque esto es de Montaner y él no necesita plata». ¡No saben cuánto exige un emprendimiento de este tipo!

Así les ocurre a Juanes, Shakira, Juan Luis Guerra, Alejandro Sanz y otros amigos que tienen fundaciones. Esto significa un dineral para cada uno de nosotros. Y lo sacamos de nuestro propio bolsillo, viene directamente de nuestro corazón, porque así como Dios nos ha dado una vida de éxito al mismo tiempo nos ha sembrado la inquietud y la necesidad de ayudar. Por eso a veces nos ves juntándonos para recoger plata, para poder mantener a este gentío y esta gran cantidad de gastos. Hemos encontrado aliados que vemos como ángeles caídos directamente del cielo. Son las excepciones de la regla, son padrinos del corazón. Don Carlos Peralta, Don Jaime Camil, Don Mario Kreutzberger, son esos héroes anónimos —hasta ahora— con los cuales nuestros sobrinos hay podido contar.

Yo no sé hasta dónde Dios quiere que lleguemos con esto. Nosotros arrancamos, pero no podemos ponerle un tope, hasta donde queremos llegar... no sabemos. Lo que le pido a Dios a diario es seguir encontrando gente que se conmueva en su corazón con el proyecto «La Ventana de los Cielos» y que el día de mañana sea la que se dedique, la que continúe la visión al margen de que Ricardo o Marlene ya no estén. Es algo que se inició y que puede pasar de generación a generación. Que aparezca alguien en algún momento que coincida en la visión con nosotros y que llegue algún día a conocer que era realmente lo que Dios quería con todo esto.

**El tiempo de Dios sólo Él lo conoce.**

Nosotros lo único que hacemos es obedecer a lo que sentimos que viene directo del corazón de Jesús, lo que ha sido una semilla puesta por Él en nuestro corazón. Nosotros seguimos la visión, sin saber que «La Ventana de los Cielos» podría superar nuestro propio tiempo en la vida. Y si bien es cierto que uno va atrás de la visión que Dios ha puesto en el corazón, también es cierto que el tiempo de Dios sólo Él lo conoce. Y posiblemente no veamos el final de la visión.

De eso se trata la fe

*Estoy inscrito en todos los clubes de líneas aéreas, de esos que dan millas. Este año me he recorrido el continente de arriba a abajo, como tres veces. Empiezo a sufrir de los oídos por tanto lío de presurización, compresión y descompresión. Tengo más horas de vuelo acumuladas que cualquier piloto o sobrecargo. El personal de los aeropuertos y los aviones ya me conocen tanto que se olvidan de ponerme la bandejita o de guardarme un buen asiento. En Perú llegué a subirme a un avión hacia Miami sin pasaje y sin ticket de abordaje.*

*Cuando llego tarde me ponen mala cara o me dejan sin comida. Yo no comía carne, y el otro día me dijeron:*

*—Señor, ¿qué va a comer: carne o carne?*

*—¿No hay pollo o pescado? —le pregunté.*

*—Sí, había, pero el último se lo comió el pasajero de adelante.*

*Ese día dejé de ser vegetariano.*

# Exceso de equipaje

NO TUVE UNA INFANCIA DE LAS QUE SE dicen triunfadoras. El marco que me rodeó siempre no era como para que mi cuadro fuera de gamas alegres y multicolores. Crecí de casa en casa, de barrio en barrio. Desde camarotes de trenes a carreteras gastadas, llenas de naranjas y pomelos que sobresalían por los alambrados invitándome a robármelos, acortándonos acaso el verano largo del camino al norte. En un país primero, en otro después, de un papá y una mamá, a un papá con una esposa nueva, y a una mamá buscando suplir el vacío de su esposo en otro esposo. Sólo sé que mi primera vida de joven fue el resultado de los errores de otros y, en consecuencia, también los cometí.

No me siento culpable ni culpo a nadie, aunque me pesa. Por eso hoy, en mi segunda etapa de joven aún, intento recuperar lo que se me fue entre los dedos, el tiempo. Casi cosa difícil, casi cosa imposible, cosa de tontos. Mientras seguía cometiendo errores a los diecisiete, comencé a vivir la transición de perdedor a ganador. Hoy estoy rodeado de infinitos amores. Amores que me justifican, mis hijos y una gran mujer. Triunfadores todos que sostienen mi indeleble cuerpo, manteniendo mi cabeza erguida para que sea cabeza de todos ellos.

Hoy, sin embargo, en mi soledad compartida solamente con Dios —que apareció un poco después para darle sentido hasta a mis depresiones—, me pregunto: ¿Cuán ganador soy? ¿Cuánto puedo valerme por mí mismo? Siempre a un paso del derrumbe. Siempre a punto de lo absoluto, pero sólo a punto. Pareciera estar oyendo a otro. Yo que destello luz de triunfo, yo que soy visto como suficiente y centro de atención. Yo estoy solo a veces, sumergido en el suburbio de la letra. Escribiendo rápido como si llorara en abundancia, para que una lágrima tenga continuidad con la otra. Con llanto de desconsuelo, un torrente como mi mano y mi lápiz. Como el llanto abundante ganándole a la tristeza, como ahora mi mano tratando de ganarle la carrera a mis ideas.

¿Por qué me siento así, si tengo tanto que agradecer y tantos miles de motivos para ser absolutamente feliz? Estoy luchando a diario contra el síntoma accidentalmente heredado del derrumbe y el fracaso. Resumo que siempre he tenido escondido en lo más

**Yo estoy solo a veces, sumergido en el suburbio de la letra.**

hondo un motivo diferente que no me deja ser feliz del todo. Un día me dijeron que siempre pago una penitencia o una cuota cara a cambio de mi realización. Siempre hay alguien tocando con insistencia mi puerta para cobrarme por mi felicidad. ¿Cuánto pesa mi maleta? Así me siento hoy.

¿Será que aún llevo conmigo esa pesada maleta del pasado? ¿Esa que guarda fracasos, impotencias y cargos de conciencia? ¿Será que aún no le he entregado al más fuerte, al Poderoso, mi exceso de equipaje?

Cuando conoces a alguien que comienza a hablarte mal de su padre, de cómo lo trató, que lo subestimó y le hizo mal, tú ya sabes que ese tipo puede repetir la historia. Repetir el patrón de vida, ser alguien que maltrata, un castigador. Suelo definir a la gente como dice el refrán: «Al pasajero se lo conoce por la maleta».

Todos traemos una maleta de cuando éramos niños o de generaciones anteriores. Esa maleta es más pesada o más liviana dependiendo de qué cantidad de cosas nos hayan cargado generacionalmente. Como lo relaté en el capítulo «Me llamo Héctor...», nosotros veníamos con una maleta perdedora, una familia que no tenía grandes aspiraciones. El sueño más grande de mi mamá era tener una despensa. Pero Dios hizo una jugarreta y dijo: «Quiero al muchacho gordito de lentes de aumento para mí, y para eso tengo que movilizar a toda una familia».

En realidad, lo que estaba haciendo Dios era trazar mi camino. Al mudarnos de Argentina a Venezuela lo que estaba haciendo era colocándome en la senda por donde quería que yo fuera. Allá fui creciendo como todo niño, haciendo amigos en el colegio y armando un grupo de *rock*. Así Dios me fue guiando hasta que me convirtió en el protagonista de mi propia historia, y me dio la opción de que fuese consciente de esa historia que viviría. Porque podía haber tomado la opción de transcurrir la vida sin haberme enterado de que estaba ahí esperándome. Todo lo que pude haber contado de lo que ha sido mi vida en el Señor, todo, parte desde Valentín Alsina primero, de ese cuarto de vecindad, de esa casita en la esquina de Caraza, en donde pescaba ranas. Todo parte de ahí.

> ¿Será que aún no le he entregado al Poderoso, mi exceso de equipaje?

Dios me eligió. Tuve conciencia de Él en mi corazón hace apenas diecisiete años, pero soy consciente de que Él ha estado a mi alrededor siempre.

## Un piano pesado

Pedro Pérez era un muchacho que vivía en Maracaibo y tenía un talento impresionante: tocaba el piano. Era tan talentoso que se daba el lujo de ser un poco irreverente y, en algunos momentos, hasta déspota. Era el tipo de músico que uno quería ser. Con una velocidad en las manos y una manera de ejecutar asombrosa. Se daba el lujo de ponerle precio a su tiempo y a su trabajo, él decidía si tocaba o no. «¡Me pagas tanto o no toco!» Estaba lleno de talento. Pedro tenía una maleta, no conocía el cuadro de su niñez, pero la maleta que arrastraba era tan pesada que no le permitía ser dueño de ese don ni de disfrutarlo, al mismo tiempo. Era un buen muchacho, pero cayó en la droga. Llegó a ser pianista de bandas muy importantes en Venezuela.

Después que me fui de Maracaibo, perdí su rastro. Hace un tiempo recibí la noticia de que estaba indigente, que se había quedado sin casa y sin familia, pero, además de todo, se había quedado sin el maravilloso don de tocar el piano. Su maleta pudo más que su talento y sus posibilidades. En lugar de arrastrarla, la empujaba y eso no le permitía ver el camino que tenía por recorrer. Terminó siendo un desamparado de los miles que hay por allí, terminó siendo un inconsciente de dónde estaba viviendo. Hablaba delirando, hablaba incoherencias.

Un día, mi amigo José Ramón me dijo que se lo había encontrado mientras él estacionaba su carro. Se le acercó un tipo por detrás y le dijo: «Dame algo de dinero, dame plata para comer». Cuando volteó, era Pedro, ese amigo de antaño, de nuestra juventud primera. Cuando lo vio, le dijo: «Pedro, ¿no me reconoces? Soy yo, José Ramón». Él atino a decir: «¿De dónde?» Le recordó que vivían prácticamente juntos cuando eran muchachos. «¿Te acuerdas de Ricardo?» Le dijo que no. José Ramón metió la mano en su bolsillo con tristeza y le dio algo de dinero, consciente de que no era para comprar comida. Hace apenas unos meses nos enteramos que Pedro había amanecido muerto en la calle. Él tuvo la misma oportunidad que yo. Tenía tanto o más talento que yo. Pero el problema es que no pudo con su maleta. Era demasiado, demasiado pesada. Y no tuvo a nadie alrededor que le dijera: «Esa maleta no te pertenece. Tienes más talento que eso, Dios te regaló un talento para que te olvidaras de esa carga».

Pedro no pudo apreciarlo porque nadie se lo dijo. Estaba tan metido, y de tal manera, en la droga que no le permitía que su cerebro y su corazón funcionaran de manera coherente. Por lo tanto, no podía estar consciente de lo que podía lograr y de que tenía que soltar la maleta y dejarla en manos de Dios. Así se perdió su vida, y mi pregunta es: ¿Te vas a prohibir a ti mismo dejar la maleta en las manos de Dios y seguir adelante con tus dones? ¿Estás dispuesto a abandonar tu peso, dejarlo allí y seguir adelante? ¿Estás dispuesto a chequear tu valija hasta un destino que Dios sabrá cuál es? ¿Subirás así al avión, en las alas del Señor? ¿Seguro que vas a llegar a donde quieres? Entonces, ¿te quedarás en el camino de mi amigo Pedro? ¿O le dejarás todo en las manos de Dios y empezarás a disfrutar la vida?

He logrado con el tiempo, a través de tanta gente que conozco, cifrar el tamaño de la maleta que esa persona puede tener. Y a través de las cartas de mis *fans*, he podido descubrir los gigantescos baúles que muchas y muchos de ellos tienen y no son capaces de darse cuenta. Muchas de ellas me han dicho que la situación en su casa es imposible. Conocí a una, en la recepción de un hotel en Uruguay, que había estado al borde del suicidio cinco veces. Otra muchacha en Puerto Rico me contó una historia similar sobre sus intentos de suicidio y según ella a través de la música se le fue la idea de la cabeza.

Son gente que no tienen un rumbo determinado y cuya vida se limita exclusivamente a empujar la maleta. A cargar con ella, no tienen otra aspiración, no piensan en otra cosa. Les da igual pintar casas, vender pasteles, vivir en un rancho, que vivir en una casa con comodidades. Quizás no es que les da igual, es que no se han enterado de que todos tenemos las mismas oportunidades, que Dios nos las pone ahí. A veces no las vemos y, si corremos con suerte, alguien pasa cerca de nuestras vidas y nos advierte que hay un camino más liviano, menos doloroso. Sin embargo, mucha gente prefiere seguir en el hueco.

En ocasiones, cuando puedo, camino sin detener mi paso, sin darme cuenta de que esas caras dicen miles de cosas. Te hablan de miles de tristezas, me entregan cartas con historias de noviazgos que no llegan a nada, de ilusiones perdidas, corazones arrugados. Cartas que suelen ser desgarradoras. En muchos casos están allí como esperando la buena noticia. A través del camino que transito, puedo tocar muchísimos corazones pero es porque tengo mi corazón puesto en el Señor.

Veo tanta gente y digo: ¿Cuántas penas tendrá cada uno de ellos? ¿Qué tristeza les habrá motivado a venir? ¿Qué desahogarán levantando sus manos y cantando a coro? ¿Qué maletas tendrá cada uno? ¿Se habrán enterado con lo que dije que esa maleta no les pertenece, que no tienen que cargar con el peso generacional de los errores de sus padres?

## Simplemente María

Desde el año 1989, cada vez que llego al aeropuerto del D.F., México, hay una chica llamada María esperándome. Ella apenas sonreía, apenas tenía sonrisas. Aunque no eran sonrisas del todo.

Muchas veces hablé con ella en el aeropuerto durante el trayecto desde la salida del equipaje hasta el auto. Unas veces atiné a darle un abrazo, otras a darle las gracias por seguir estando ahí, y a preguntarle qué había sido de su vida. Mis llegadas a este aeropuerto han sido iguales en los últimos dieciocho años. Siempre me ha contado una tristeza diferente. Jamás me ha dicho que estaba contenta por algo. Siempre me ha contado desgracias, que se quedaba sin trabajo, que su mamá estaba gravemente enferma, que no tenía con quién compartir su vida, que se estaba poniendo mayor y seguía sola. Siempre se refirió con rencor a otras personas. Siempre lloraba, en muy contadas ocasiones la he visto sonreír. Cada vez que nos encontrábamos en un *set* de televisión o en la salida de algún hotel, siempre tenía algo negativo que decir. Siempre tenía algo triste que contar. Jamás una alegría, nunca un triunfo.

Un día les pedí a mi manager y mi agente de seguridad que me dejaran para hablar un minuto con ella. Le dije: «María, me vas a perdonar, pero te conozco hace muchos años. Nuestros encuentros han sido siempre breves, muy casuales. Me llama mucho la atención que jamás te he escuchado decir nada positivo, jamás te he escuchado hablar bien de alguien, jamás te he visto sonreír feliz, jamás me has hablado de lo bien que te va, de lo feliz que eres, de que estás enamorada. Nunca me has hablado bonito. Siempre todo lo que me has dicho ha tenido que ver con algo negativo. Y tengo una conclusión para ti, que tienes la gran oportunidad de cambiar eso. Nunca te hablé frontalmente de esto, pero creo María que sinceramente tienes que buscar en Dios las respuestas que no has podido encontrar en los seres humanos. Tienes que buscarlas en Él». A esto me respondió que iba a la iglesia de vez en cuando. Me dijo que iba cuando estaba desesperada. «No busques intermediarios», afirmé. «Dirígete directamente a Él y dile que no puedes con el peso de tu vida».

Quizás no me creas lo que sucedió, pero desde esa fecha, no la he visto más en el aeropuerto. No sé qué ha sido de ella, no sé si lo que le dije le pegó fuerte o lo tomó mal, pero se lo dije todo con el corazón. Le dije que no podía ser que jamás tuviera una frase optimista, que jamás dijera algo que pudiera tener algún mínimo síntoma de alegría y felicidad.

Espero que si lee estas páginas se dé cuenta de que su tristeza tocó mi corazón. Y que yo no podía cargar sus tristezas y llevármelas conmigo. No tenemos el derecho de endosarles nuestro peso y nuestros problemas a los demás. En consecuencia, no tenemos por qué dejar todo ese exceso de equipaje en las espaldas de otro. Sólo porque nos sentimos con derecho o porque el otro es feliz.

Es probable que María no estuviera de acuerdo con lo que le dije. O también me quisiera inclinar a pensar que no necesita irme a buscar al aeropuerto porque ya encontró al Señor.

Sabrán cómo yo que los errores de mis padres no me pertenecen y no tengo por qué cometerlos yo también. Me zafé a tiempo. Comencé con el mapa exacto al de mi papá y mi mamá. Una separación irremediable. Me tocó vivir los desmayos de mi madre y las agresiones de mi padre contra ella. Mi hermanita era dos años menor que yo, tenía once años cuando todo eso ocurrió. Me tocó a los catorce años convertirme en la cabeza de la familia y prácticamente, durante una década, estuve arrastrando las maletas de todos ellos. Tomé esas valijas para mí.

Al mismo tiempo que arrastraba mis maletas, venían mis errores. Llegó un momento en que no había carro que sirviera para empujarlas todas. Traía los errores de mis padres, los de mi mamá, la desorientación de mi hermanita que estaba esperando que una cabeza coherente y consciente le dijera por dónde tenía que ir.

A los dieciséis años, mi papá habló en un banco para que me dejaran firmar los cheques para pagar las cosas de la casa. Mi papá se fue a vivir a Honduras debido al trabajo. Y me quedé a cargo de la chequera en Maracaibo y de todo el equipaje.

A los diecisiete años quedó embarazada mi novia. Víctima de esos errores generacionales y esos mapas inciertos. Los mapas no son otras cosas que las maletas. Mi familia se convirtió en un desastre. Mi mamá se fue a Argentina de regreso y mi papá se fue a vivir con otra señora. Mi hermana y yo quedamos huérfanos aunque con nuestros padres vivos. Mi mamá quedó tan hundida en el desespero, que no pudo tomar ni su propia maleta. Recién, casi hacia el final de su vida, en sus últimos quince años, logró rescatar el rumbo y ser medianamente feliz. Regresó a vivir con nosotros. Comenzó a ver en mi hermana y en mí cambios espectaculares.

**Uno no debe cargar el peso que no le corresponde.**

Gracias a Marlene, mi hermana y yo encontramos al Señor. Mi esposa nos puso en ese camino a ambos y, por supuesto, empecé a tirar maletas hacia los lados y a dejárselas a Dios para que las recogiera. Hoy, prácticamente, llevo un maletín de mano, comparado con lo que cargaba.

Llega un momento en que no te puedes hacer cargo del equipaje. Uno no debe cargar el peso que no le corresponde. Todo eso que cuelga de ti te produce un peso imposible de llevar.

No te das cuenta, y agregas y agregas, hasta que llega un momento en que debes decir basta y, en adelante, Dios se encargará.

Si alguien hasta el día de hoy no te ha abierto los ojos, ahora mismo, toma ese peso imposible de aguantar, toma el exceso de equipaje y ponle una etiqueta que diga «Dios». Trata de subirlo a la cinta de equipaje y olvídate del tema. Tú has lo tuyo, toma el avión y deja que en tu viaje Cristo sea quien lleve el timón.

# Mentiras piadosas

## Primer acto

Se abre el telón.

Ding dong, ding dong.

Suena el portero eléctrico. A los diez segundos el señor Roberto me busca y me dice: «Señor Ricardo, aquí está el muchacho que quedó con usted en venir a traerle unas canciones». Paso seguido le digo a Roberto: «Dile que no estoy, que tuve que salir de gira».

Se cierra el telón.

## Segundo acto

Se abre el telón.

Toc. Toc.

La señora Dora llamándome a la habitación. «¿Está la señora Marlene allí?» «Sí, aquí está». «Dígale que aquí está la muchacha que trae el queso venezolano y las cachapas todas las semanas. Dice que las facturas acumuladas son doscientos sesenta y cinco dólares».

Ricardo grita: «Ese queso, ¿es venezolano o francés?»

Silencio...

Señora Dora: «Ah, yo no sé...»

Silencio.

Habla Ricardo. «Señora Dora, dice Marlene que le diga a la muchacha que ella no está. Que le manda el cheque por correo».

Se cierra el telón.

## Tercer acto

Se abre el telón.

Toc. Toc.

Germán, otro empleado de la familia, golpea la puerta de la habitación. Me dice: «Señor Ricardo, los jardineros se están yendo. La limpieza de la semana cuesta doscientos cincuenta dólares».

Cara de asombro.

Respuesta inmediata.

«Diles que se acabó la chequera, que no tengo cheques, y la semana que viene les pago las dos semanas juntas».

Se cierra el telón.

¿Cómo se llama la obra?

*Mentiras piadosas.*

⌒

Desde muy chiquitos somos entrenados por nuestras familias y nuestra cultura para decir mentiras. Supuestamente las usamos sin mala intención, las utilizamos como un recurso. Por ejemplo, en lugar de dar una mala noticia, decimos mentiras piadosas. Dibujo la verdad, pero te miento. Si me dejaste tu gato para que lo cuidara cuando te fuiste de vacaciones, y me llamaste para preguntar cómo estaba, en vez de decirte que se escapó —para no estropearte las vacaciones— te comento que está en el lugar ideal y donde debería estar. Cuando en realidad, se me escapó. Para evitar el mal rato, invento una mentira piadosa.

Mentiras piadosas, el cuento y la historia vienen porque me llama la atención cómo, generación tras generación, aprendemos la costumbre de mentir de forma que se hace un hábito en nuestra vida y ni siquiera nos damos cuenta que las decimos. Cuando llegamos a eso, tenemos una experiencia tan buena en la labor de las mentiras, que llegamos a ser grandes farsantes en nuestro diario andar. Y todo esto gracias a que desde pequeños nuestros padres nos han inculcado a través de su propio ejemplo la práctica de la mentira. De manera inocente, sin querer queriendo, pero mentiras al fin.

Llega el momento en que la mentira en la vida de la gente puede ser tan real como la verdad misma. Se apropia de tal manera de la persona que ese ser humano vive en un engaño absoluto que asume como verdad y, en consecuencia, hace que el entorno haga lo mismo. Tanto el individuo como el que lo rodea, viven en una mentira completa. Hay un momento en que la mentira por alguna razón alcanza su clímax, arriba a donde tiene que llegar y se desvanece. La mentira se encuentra cara a cara con la verdad.

He sido un profesional de la mentira desde que era niño. Me acostumbré a decir mentiras piadosas aunque algunas fueran sin mala intención. Cuando me hice adulto ya lo hacía a propósito, con un fin, para vender algo o para convencer a otros.

A cierta edad ya era un mentiroso hecho y derecho. Pero el caso es que no me daba cargo de conciencia ya que esa mentira formaba parte de mi existencia. Era normal hablar con alguien e intercalarle una mentira, un poquito de exageración con tal de convencerle. Era lo más normal, era algo de todos los días.

Desde hace unos años cobré conciencia de la facilidad que tenemos los seres humanos para mentir. He llegado a conclusiones terribles. Mentí muchas veces e hice mucho daño. Porque se dice que hay mentiras que no causan daño, pero son mentiras también. Mentiras que uno dice y que no dañan a nadie como, por ejemplo: «No maté a nadie con eso».

Me gradúe de mentiroso a través de esta carrera. Tuve tantas necesidades que también por eso mentía para convencer a alguien de que me contratara. Le decía que era famoso en otras tierras, que yo era la hostia, que me aplaudían en otros pueblos y otras naciones. Eran todas mentiras. Para lograr un cometido mentí muchas veces, pero no me enorgullezco de eso. Porque llega un momento en la vida que comienzas a hacer tu balance. Ese es mi caso. He pretendido llegar a mentirle al propio Dios. Traté de engatusar a Dios a través de la mentira.

No hablo de la malicia que tiene una mentira, no me refiero a eso. La mentira puede tener toda la inocencia del mundo, pero es mentira. También es cierto que muchas veces, por decir la verdad, a más de uno le va mal. Les pasa como a mí en la entrada a los Estados Unidos la vez que fui a la Casa Blanca. Me invitó el presidente Bush, esa era mi verdad. Pero me costó cuatro horas en una «cárcel múltiple». Podía haber dicho que venía de turismo. Tenía una visa de trabajo, podía haber dicho que venía por trabajo. Pude haber dicho otra cosa. Pero la verdad me costó cara esa vez.

Desde hace unos años he venido tratando —y digo tratando porque no dejo de caer— de practicar decir la verdad. Pero es algo que se mete en tu circulación y vive contigo adentro como si fuera un virus o una bacteria a la cual te haces totalmente inmune. Traté en estos últimos años de ir saneando eso a través del poder de Dios. Le he pedido que me saque esa dolencia que traigo, ese defecto de fábrica, porque no me siento bien con ello. Cuando ahora consigo algo y siento que no he dicho la verdad del todo, ya no me siento satisfecho con eso que logré.

En mi época juvenil, para conquistar a una chica le decía mentiras. He caído en el error de querer ganarme la amistad de mucha gente aparentando ser quien no soy, aparentando tener lo que no tengo. Y eso es mentir también. Hay que vivir sin tanta apariencia. La apariencia también puede resultar una mentira.

Por eso en los últimos años, cuando me monto en el escenario, subo diferente. Subo con el humor que tengo, el que traigo desde la mañana. Ya no necesito ni quitarme ni ponerme la capa de artista a la hora de subirme al escenario. La gente me ve como soy. Dejo que vean a mi familia, antes la ocultaba porque me decían que si me dejaba ver demasiado en la intimidad de mi casa, iba a vender menos discos. En las primeras entrevistas, decía que entre mis pasatiempos estaba el esquí acuático, y yo jamás en mi vida me había subido a un esquí y mucho menos acuático. Es más, déjenme confesarles por primera vez en mi vida: no sé nadar.

Decía que amaba los deportes extremos. Lo más extremo que he hecho fue subirme al Salto Ángel para filmar el video de la Cima del cielo.

Mucha gente ha construido su vida a base de mentiras.

¿Cuántas has dicho hoy? En un día normal, ¿cuántas mentiras dices? Luego que las contemos, ejercitémonos pensando en cómo nos sentimos. Cuatro, cinco, seis. Estoy seguro que al leer estas líneas y a partir de este momento cada vez que digas una mentira te va a sonar una alarma, un timbre en tu conciencia y en tu corazón. Les he mentido a los bancos, a las tarjetas de crédito, a mis amigos, a mis padres. Les mentí a mis hermanos.

Pero un día decidí hacer el ejercicio de decir la verdad y sigo intentándolo, aunque todavía no me he curado. Sé que no es sencillo. No mentir es prácticamente tan difícil como dejar de fumar.

Desde que hago el intento por dejar de mentir, me sucede lo siguiente. Estoy parado frente a alguien que sé que me está diciendo una mentira. Y pienso: «Hay que ver cuánta gente me habrá mirado así alguna vez, diciendo: "Este cree que soy un boludo". ¿A cuántos habré querido engañar? ¿Y a cuántos habré logrado engañar?»

¿Cuántas veces le mentiste a la compañía de seguro para que te diera la cobertura de salud? ¿Cuántas veces le mentiste a algún establecimiento comercial a la hora que pagas con la tarjeta? La tarjeta rebota porque no la pagaste. Y dices: «Debe haber algún problema, vuelva a pasarla», pero sabes que no la pagaste. ¿Cuántas veces le has mentido a tu mujer o a tu marido? No tenemos salvación, hermano. Es difícil explicar lo mal que me siento por haber mentido tanto. Si yo pudiera echar mi tiempo atrás para empezar de nuevo, dejaría la gran mayoría de las equivocaciones, las dejaría porque todas ellas me enseñaron algo, pero el área de la mentira la quitaría toda porque dañé a mucha gente con ella. Muchas pasaron inadvertidas pero otras dañaron a muchos.

En mi apenas mediano caminar dentro del mundo del cristianismo me he encontrado con gente que es gravemente mentirosa, tanto más que los que no conocen a Cristo. Me he encontrado con pastores que viven mintiéndole a su comunidad, con líderes de ministerios que muestran caras de cordero y por detrás son maliciosos. He conocido pastores y ministros que le mienten a inmigración para obtener una visa o para conseguirle una visa a alguien. Hay muchos hermanos de mi iglesia que hoy están sufriendo por las consecuencias de haber dicho alguna vez verdades a medias. Hoy algunos de ellos viven con la tristeza de estar alejados de sus seres queridos.

¿Será posible dejar de mentir del todo?

Mi esposa, muy sabiamente, dice algo que aprendió de su mamá: «Para decir mentiras y comer pescado hay que tener mucho cuidado». ¡Y qué gran verdad! Es necesario que tomes conciencia de eso, que te arrepientas y que pidas perdón si es necesario. Si no tomas conciencia de esto que has estado leyendo, si no te das cuenta de la gravedad del asunto, si no emprendes un tipo de tratamiento de desintoxicación, corres un grave peligro. Te arriesgas a que la mentira que has dicho vuelva ti. A que el dolor que hayas causado, regrese a ti. A que cada vez que engañes, te regrese con engaño. A que cada vez que hieras, te regresen las heridas. Con ese temor a cuesta. Con ese susto a cuesta. Con ese miedo... ¿Podrías vivir de ahora en adelante? Yo no podría vivir mirando hacia los costados, esperando a ver de qué árbol o de qué esquina va a salir el zarpazo. Vivir con ese temor es lo único que me ha ayudado a tratar de erradicar la mentira de mi día a día.

¿Qué más te da? ¡Nadie te está viendo! Es más, nadie se va a enterar. Ni yo que soy quién te está descubriendo ahora mismo. Yo he desnudado mi alma ante ti, ¿qué más da que desnudes la tuya, sólo ante ti mismo? Sin nadie que se entere. ¿Cuánta ansiedad te causa que te descubra lo que por tanto tiempo has tenido escondido en un rincón de tu olvido?

Si algo pasa en tu conciencia cuando leas esto... es que aún hay tiempo. Es que no eres un hueso seco y puedes vivir de nuevo. Aún estás a tiempo de hacer lo que yo hice.

Dejar de mentir es como si dejáramos el vicio del alcohol o del cigarrillo. Es doloroso, lo vemos como imposible. Si lo intentas, no estarás perdiendo el tiempo. Te puedo asegurar que la sensación de alivio que vas a sentir cuando empieces el tratamiento es tal que un inédito entusiasmo y una insólita capacidad de cuidado tomará tu conciencia y tu corazón*. Te sentirás con una paz extraña ante el dolor de decir una verdad muchas veces. Tendrás una recompensa que aún no conocías.

Recuerda que desde ahora conozco tu secreto... Cada vez que mientas te acordarás de esto. Y una alarma sonará en tu corazón.

---

*Estas palabras no aplican a algunos hacedores de la vida política... muchos de ellos correrían el riesgo de extinción sin el recurso de la mentira como elemento de persuasión.

Hoy es Viernes Santo, y un día como hoy mataron a Jesús en la cruz. Él, pudiendo salvar su pellejo, se dejó flagelar, insultar y humillar hasta morir. Todo ese sacrificio para que a nosotros se nos perdonaran uno a uno los pecados. No se conoce en la historia un hombre con tales cualidades y bendiciones, alguien como Cristo, que a fuerza de milagros dividiría la historia de la humanidad en antes y después.

Hoy en Irak, tratan de armar un rompecabezas de cuerpos humanos que ha dejado la guerra, una guerra más, sin un por qué lo suficientemente complaciente como para complacernos. Mientras los cristianos le pedimos a Jesús que se revele y que suspenda en el aire cada bomba. Que atasque cada gatillo y que saque a cada dictador, antes que una sola bala haga impacto.

Mientras en América Latina, imitadores tratan de emular a todo aquel que en algún minuto haya tenido protagonismo en la historia, hasta al mismo Cristo.

Presidentes engolosinados por el poder, pastores y predicadores... pequeños papás que confunden a quien sirve por fe con servidumbre. Iglesias gigantescas que crecen piramidalmente en las que el pastor y jefe espiritual de la manada suele estar a veces más inalcanzable que las sandalias del propio Jesús.

En Cuba aprovechan la distracción de la guerra para darles paredón a tres pobres chivos expiatorios que se atrevieron a lanzarse al mar con el secuestro como excusa. Una obra de teatro en la que el villano y las víctimas —todos son actores—

sucumbieron ante el fracaso en el último acto. Todos a la orilla, tres al paredón, se baja el telón... ¿Cómo se llama la obra? Ni un aplauso ¡¡¡como siempre!!!

En Colombia, mientras Vives y Juanes tratan de poner el grito al cielo –Shakira no, porque ella vive en mi casa personificada por Evaluna– guerrillas y paramilitares viven en conchupancia –corrupción política– detrás de la frontera con Venezuela. El secuestro es el pan de cada día en toda América. Unos pocos indeseados protagónicos, se reparten nuestra alegría para ellos y nos caen a baldazos de tristeza, creyendo que con eso comemos los latinoamericanos.

Mientras la negra Sosa, «sólo le pide a Dios»... a Lerner se le enfermó «el pulmón» de pulmonía, Páez yace «girando al lado del camino»... Facundo Cabral no ha dado con su sentido de pertenencia... «no es de aquí ni de allá»... ¡¡¡Charly «Say no more»!!!... a mí, tantos «Hijos del Sol» ya no me caben en el alma.

# El infiltrado

UN TIPO QUE NACIÓ EN AVELLANEDA, CRIADO
en Villa Carraza, da un brinco a Maracaibo de la noche a la
mañana. Hoy me llaman para invitarme a programas de mayor
audiencia como los *reality shows*. Uno de ellos fue *Gran Hermano*,
de Argentina, donde estuve hablando de Dios ante un grupo de
muchachos que lo único que habían hablado toda la temporada
del programa era de sus miserias y de sus carencias. Pude darles la
buena noticia de que Dios los ama. Eso representó una curva y un
pico de *rating* histórico. Fue un día sábado por la noche, cuando
generalmente no hay convocatoria para ningún tipo de programas
pasada cierta hora. Entré a ese estudio, armado como una gran
casa, una hora antes de la medianoche. Dios planeaba algo.

Al otro día, las páginas web reventaron de e-mails de personas
que confesaron haber sentido el toque de Dios en su corazón. Me
conmovió mucho ver al periodista Jorge Rial hacer una reflexión
sobre ese programa. La gente decía que todo lo sucedido esa
noche los había hecho meditar. Un botones del hotel donde me
hospedaba me dijo que hacía muchos días que no se hablaba con
su señora y que coincidieron viendo el programa de televisión.
Esa noche se pidieron perdón mutuamente. Mi primo Fabián

estaba con su esposa Andrea afuera del estudio viendo el programa por los monitores. No entendí por qué cuando salí de ahí me abrazaron junto con sus hijos de manera especial, apenas ahora lo entiendo.

Esos pensamientos podrían haber parecido improvisados, sin embargo estoy seguro de que fueron cosas que Dios puso en mi corazón y en mi boca. Uno de los muchachos que participaba en ese programa se encontró por casualidad conmigo unos meses después, en los estudios de TELEFE. Me dijo que se estaba congregando en una iglesia y que esa noche entendió por qué había ido a ese programa. Como siempre, Dios hacía de las suyas.

∽

Realicé en México tres temporadas como juez de un programa de futuros talentos. Allí tuve la oportunidad de tocar el corazón de la gente en un país de más de cien millones de habitantes. Dios me dio la oportunidad de ver cómo se manifestaba. ¿Quién diría que el chico que alimentaba ranas en ese estanque de agua trabajaría con la niñez de las Américas y se sentaría al lado de los presidentes del continente hablando del poder de Dios? El tiempo pasaba y yo recordaba que ya Dios me había advertido que me llevaría de país en país a hablar con presidentes, con obreros, con niños y servidores públicos. «Te llevaré a las naciones, y te llevaré con presidentes y mandatarios».

> **El poder de Dios es infinito.**

Luego de eso, el año pasado, me invitaron a la cumbre de los presidentes de Iberoamérica, por lo que tuve la oportunidad de estar un momento a solas con el presidente Elías Antonio Saca, de

El Salvador. He tenido interesantes momentos con el presidente Martín Torrijos, de Panamá. Hemos coincidido en la importancia del apoyo gubernamental a programas que benefician a la niñez. El presidente Torrijos es un hombre de familia, un hombre bueno, un hombre espiritual. He estado con el presidente Leonel Fernández y con su esposa Margarita Cedeño, en República Dominicana. Son personas de bien, preocupadas por el bienestar de su país. Les he hablado de que se llega mucho más lejos cuando uno encomienda su función de mandatario a Dios. Que el poder es efímero, que el poder de un presidente dura hasta que se le acaba el mandato correspondiente; sin embargo, el poder de Dios es infinito. Les he hablado sobre la importancia que tiene Dios en los gobiernos y que hoy por hoy, el lugar que le den a Dios puede cambiar el destino de sus países.

Cuando hablo de los gobiernos y de su influencia en los pueblos, y de cómo una decisión de los gobernantes afecta directamente a un país entero, menciono lo que ha sucedido en los Estados Unidos. En este país se han empeñado en erradicar la fe de los colegios al prohibir la oración en ellos. Días después que sucedieron los ataques a las Torres Gemelas en el año 2001, le hicieron una entrevista a la hija de Billy Graham. Una de las preguntas fue: «¿Dónde piensa que estaba Dios cuando ocurrió eso?» Ella respondió algo que me dejó frío. Su respuesta fue asombrosa: «Al igual que nosotros, creo que Dios está profundamente triste por este suceso, pero durante años hemos estado diciéndole que se salga de nuestras escuelas, que se salga de nuestro gobierno y que se salga de nuestras vidas. Y siendo el caballero que es, creo que se ha retirado tranquilamente.

> **¿Dónde piensa que estaba Dios cuando ocurrió eso?**

¿Cómo podemos esperar que ahora nos dé Su bendición y Su protección cuando le hemos exigido que nos deje estar solos?»

¿Qué les parece?

Nos hemos empeñado en decirle a Dios que podemos con todo. Que no necesitamos Su ayuda. Que nuestro libre albedrío sumado a nuestro intelecto es más que suficiente. Somos buenos para discutir sobre las leyes del aborto, la eutanasia, la pena de muerte. Somos mejores permitiendo la violencia dentro de la familia. Permitiendo la explotación sexual y el abuso de los hombres de iglesia contra los niños. Somos buenos para todo eso, para hacer que Dios se espante con nuestro proceder. ¿Con qué derecho, entonces, preguntamos dónde estaba?

Me cuelo en el programa de Susana Giménez y haciendo bromas llevo un mensaje de amor. Un mensaje de familia a todo el pueblo argentino. Comienzo por el chiste, entro por la broma pero hay una segunda y doble intención en medio de todo ello. Quiero explicarle a la gente que a través de la familia y de Dios se puede llegar a ser un hombre exitoso y feliz.

Con mi investidura como Embajador de Buena Voluntad de las Naciones Unidas, a través de UNICEF, toco la puerta a un presidente y soy bienvenido. En esas citas hablo del poder de Dios.

Utilizo la «fama» que Dios me ha dado para llegar a gente que domina los medios de comunicación y les digo que deberíamos hacer una televisión y una radio con conciencia. Medios donde se exalten los valores de los seres humanos. Programas en los que se hable de la importancia de la familia. Donde ocupe el mayor *rating* la grandeza del corazón del ser humano y no la grandeza de sus miserias de turno.

Utilizo el escenario para hablarle a mi público sobre la felicidad que se siente en el corazón cuando amamos a Dios. Empleo mi rostro de pasaporte para decirle a cualquiera que Dios es el camino. Con mi cara dura y con suficiente conocimiento de causa, hablo del amor de Jesús en todo lugar.

Tuve la oportunidad de presentarme en el programa «La noche del 10», de Diego Armando Maradona. De más está decir que él fue un referente durante toda mi vida en el deporte. Ha sido un icono del deporte mundial. Como en mi familia somos todos amantes del fútbol, siempre seguimos su carrera.

Me encontraba en Dallas aquella fatídica tarde, en la que Diego no se presentó a jugar en el Mundial de Fútbol de Estados Unidos porque dos días antes habían hecho su prueba y lo habían mandado de regreso. Había viajado expresamente a Dallas con mi papá y mi hijo Alejandro para verlo jugar con la selección. Fue un golpe muy duro.

Esa noche fuimos al Hard Rock Café y un pequeño grupo de periodistas de otras partes del mundo nos invitaron a sentarnos con ellos. La noche antes del partido de fútbol me mostraron un boletín de prensa que saldría para todo el mundo porque a esa hora estarían autorizados para enviarlo. La persona con la que hablé era un periodista del Canal 13 de Buenos Aires. «Esta noticia la tengo que tirar al mundo entero dentro de dos horas», me dijo. Me la dio a leer, era un cable que informaba que Diego ya no podría jugar en el Mundial. A los tres nos dio un gran dolor, como al resto del mundo del fútbol. Nos fuimos directo al hotel. Al día siguiente traté de indagar dónde se encontraba Diego, para ir a verlo y darle un abrazo. Me enteré de que había tomado un avión de regreso a Buenos Aires, con escala en Miami. Esa tarde fuimos a ver el partido sin Diego. La selección había quedado desanimada. Lo cual significó la caída del equipo de Argentina en aquel Mundial.

Cuento esto para que sepas cuál era el grado de afinidad con Diego desde hacía mucho tiempo. En el año 1991, mi canción «Déjame llorar» formaba parte de la banda sonora del continente y ya se había sembrado en los corazones del pueblo argentino. Una noche, en el programa de Marcelo Tinelli, me sorprenden mientras estoy cantando en el plato «Déjame llorar» y «Me va a extrañar». Debajo de una de las cámaras veo a Diego sentado en el piso, junto a Claudia, tarareando mis canciones, una por una. Esa fue una de las experiencias más maravillosas de toda mi vida.

Porque justo ese día estaba con mis hijos Ale y Héctor ahí mismo, y pudieron conocer a quien era su ídolo en ese minuto.

**«Quiero que recuerdes siempre que Jesucristo te ama mucho».**

Después de encontrarlo en esas dos oportunidades, en su programa «La noche del 10», y quince años después, pude decirle que él estaba ahí nada más y nada menos como resultado de las oraciones de pueblos enteros. Le dije que en ese momento una iglesia entera en Miami Beach estaba orando por él. También en la mayoría de los pueblos de América oraban por él. Mucha gente ha orado por la salud de Diego. Mis palabras textuales fueron: «Quiero que recuerdes siempre que Jesucristo te ama mucho». A lo que agregué: «Tu regreso no es natural, tiene que ver con Dios». Tuve la mejor de las respuestas de parte de él. Me dijo que me agradecía por esas oraciones. Su semblante era totalmente diferente, era un Diego irreconocible para mí, en el buen sentido de la palabra. Lo digo con absoluta seguridad. Dios empezaba a hacer de las suyas en el corazón de Diego. No me caben dudas de que hoy Maradona sabe que respira salud y está vivo gracias a un milagro que Dios hizo en su vida. Hoy, contra todo pronóstico después de haber contado con sólo el veinticinco por ciento de la capacidad de su corazón, Diego es el director técnico de la selección argentina de fútbol. ¿Es o no un milagro?

## Paz sin fronteras

Le escribí a Juanes un mensaje de texto subiéndome a un avión. Él acababa de decir la noche anterior, en un concierto, algo así como que: «No debíamos permitir que pasara lo que estaba ocurriendo en la frontera colombo-venezolana. Deberíamos hacer algo por eso, un concierto por ejemplo». Lo escuché a través de un comentario que salió en la prensa esa misma mañana. Lo dijo Julio Sánchez Cristo, en su programa en Radio Caracol. Le escribí que esa idea que él tenía y que había comentado en voz alta podría ser una gran realidad. Le dije que estaba seguro de que convocaríamos a una enorme cantidad de gente. Que sería algo histórico. Me respondió inmediatamente antes que saliera el avión: «Hermano, lo hago si tú me acompañas porque tiene que haber un lado venezolano en el evento y tú serías ese lado. ¡Lo hago si cuento contigo!» Le respondí: «¡Hecho, cuenta conmigo!» Salió el avión. Llegué a México y al cabo de cuatro o cinco horas tenía un mensaje de texto de Juanes diciéndome: «Lo queremos hacer el día 16». Yo estaría cantando el 15 en Zacatecas, México. Pero le prometí que iba a llegar como fuese. Que estaría en esa frontera. Así fue que el día 16, gracias a la colaboración de varios amigos entre aviones prestados, logística de horarios y conciertos. Hasta la gobernación de Zacatecas cambió la hora del show para que pudiera llegar a Venezuela y montarme a otro avión, hasta finalmente arribar a Cúcuta.

Llegué. Miguel Bosé, Juanes y Vives ya se encontraban en el lugar. Alejandro Sanz y Juan Luis Guerra llegaron prácticamente a la hora del concierto. Ese día comprobé una vez más que era un infiltrado. Había más de trescientas mil personas provenientes del lado venezolano y el colombiano. También muchos ecuatorianos se hicieron presentes en el puente Simón Bolívar en pleno Río Táchira, y lo que sucedió arriba quedó para la historia.

Es un recordatorio de que el derecho de vivir en paz es un derecho humano. Cantar para cientos de miles de personas y ser una voz que hablara de Dios fue hermoso. «Miren todos al cielo y observen la sonrisa de Dios. La sonrisa de Jesucristo en este día», fueron mis palabras. Haber cantado ahí y puesto el grito en el cielo fue algo increíble. Lo que uno genera a través de ese don que también es un regalo de Dios es muy grande. Es un arma que Dios ha puesto en nuestras manos. Un arma que puesta en beneficio del prójimo da resultados impredecibles. Estuve en esa tarima como uno de siete cancilleres de la paz, como diría Bosé, y me llena de orgullo y me convence una vez más que Dios me quiere haciendo este tipo de cosas.

Como embajador de UNICEF y a través de nuestra fundación puedo tocar muchas puertas. Pude llegar a muchos programas que eran sobre cómo hacer dieta, ejercicios, horóscopos o recetas de cocina para luego de eso comentarles cómo me sentí después de levantarme esa mañana, o cómo le agradecí a Dios por ese día que comenzaba. En una conversación cotidiana suelto palabras con la intención de tocar el corazón de quien me está escuchando o viendo. Como me pasó una vez en una entrevista con el querido y recordado Jorge Guinzburg, que en un momento del reportaje me dijo: «Tú eres un tipo muy espiritual».

La charla se estaba desarrollando dentro de un marco muy informal. Durante la misma nos dimos cuenta de que algo especial estaba sucediendo y me lo dijo ahí mismo. El programa no dejó por eso de ser divertido y ameno. Jorge era alguien a quien le gustaban mucho las bromas.

En una radio de la cadena Caracol, en Bogotá, pasó algo parecido. La nota había comenzado de lo más farandulera y superficial hasta que pasamos a un punto en que la plática se convirtió en un informe interesantísimo, y al mismo locutor y a mí nos fue envolviendo hasta que esa informalidad y esas banalidades se convirtieron en algo profundo. A través de la mirada de los conductores de esa radio, logré sentir que podíamos haber tocado esa misma tarde a muchos corazones que estaban escuchando del otro lado. Esta es una carrera que te abre muchísimas puertas. Es una plataforma ideal con la cual llego a mucha gente con cara de pasaporte.

Una tarde en Argentina, me encontraba en un hotel en gira promocional. Esa oportunidad coincidió con una reunión de varios mandatarios en Argentina. No era difícil notar que había un presidente en el hotel y mucho menos donde yo estaba. Transitar por el hotel, en esa ocasión en la que se reunían tantos presidentes, no era tan sencillo. A mí me salvaba que al ser artista y conocido, el personal me dejaba caminar con plena libertad. Todos los dignatarios que estaban en ese hotel habían concurrido a la toma de posesión de Néstor Kirchner.

Antes de salir a la calle, entre las once y once media de la mañana, me entero de que el presidente de Colombia, Álvaro Uribe Vélez estaba en una habitación frente a la mía. Siempre le había admirado. Me gustaba su trato con el pueblo colombiano y su estilo político. Lo consideraba un estratega. Inmediatamente fui a mi escritorio, antes de irme, y redacté una nota manuscrita en la que le hablaba de mi admiración por él. Me puse a su disposición para cualquier proyecto en beneficio de la niñez colombiana que considerara pertinente. Firmé la nota y se la di a uno de sus edecanes que estaba apostado en la puerta del mismo pasillo, pidiéndole que se la entregara. Pensé que lo harían, pero no lo que me iba a pasar.

A las dos de la tarde sería mi regreso, tenía sólo veinte minutos para bañarme y cambiarme. Tenía otras entrevistas por la tarde, algunas para salir en vivo. Entré apresuradamente a mi habitación y al baño. Activé la ducha y me metí a bañar. Al minuto oigo golpes muy fuertes en la puerta. Era la voz de mi manager Topy Mamery que me pedía que le abriera. Con la confianza que le tenía, le dije desde adentro que no podía abrirle porque estaba ocupado. Pero yo escuchaba como un murmullo. Así que abro la puerta de mi ducha y escucho la voz de mi manager Mamery diciéndome:

—Por la vida de mi hijo, ábreme la puerta.

No entendí si me lo estaba diciendo en serio o en chiste. Atiné a estirarme y abrir la puerta para meterme nuevamente en la bañera.

—¿Me puedes decir qué rayos quieres? —dije en un tono bien alto.

A lo que respondió:

—No, no me lo vas a creer, pero frente a tu cama está parado el presidente Uribe. Te lo juro por mi familia entera —me urgió.

—Deja de echar bromas que no tengo tiempo —le respondí.

—Te doy mi palabra, el presidente está parado frente a tu cama.

—Dile que me estoy bañando y ya, que no moleste.

Su cara —la de mi manager— era un poema. Daba tristeza sólo mirarlo. Entonces comprendí que debía cerrar rápidamente la ducha, envolverme en una toalla y, tal cual, salir a mi cuarto. El cuadro era así: en ese momento en la habitación del hotel, un presidente —parado frente a mi cama—, con sus manos atrás, su cabeza pensativa como mirando hacia abajo. Yo saliendo envuelto en una toalla, agarrándomela con una mano y con la otra estirándola y diciendo:

—Señor Presidente, perdóneme por esta facha. No puedo creer que esto me esté pasando y no sé dónde meterme.

Se rió con una carcajada cómplice y me dijo:

—Sólo venía para darte las gracias por la carta que me escribiste. Para tomarte la palabra y decirte que por supuesto que colaborarás conmigo en algún proyecto de la niñez. Que la Casa de Nariño está abierta para ti cuando quieras ir a Colombia —afirmó.

—Presidente, hay una sola cosa que le voy a decir, me va a costar muchísimo trabajo contar esta historia. Estoy seguro que ningún amigo me va a creer lo que acaba de pasar, y ni hablar de tomarnos una foto, ¿verdad?

Yo no sé si algún día me atreveré a contar esto. Pero este tipo de complicidades sólo son atribuibles a Dios. Sólo Dios se encarga de encontrar coincidencias como estas. Si Dios quiere, seguramente. Lo volveré a ver señor presidente —dije mientras él salía y mi manager también.

Me reí a carcajadas con Dios y regresé a la ducha. No me había dado cuenta de que mi pelo continuaba lleno de champú.

No sé si podrás creer lo que estás leyendo, pero no importa. Dios mueve a sus obreros según Su parecer en el momento y en el lugar menos sospechado.

Cuando se formó la Fundación ALAS con Shakira, Alejandro Sanz y Miguel Bosé, recibí una llamada para que fuera a vacunar niños en la triple frontera con el Ministro de Sanidad de la Argentina. Allí estarían también personalidades gubernamentales de Paraguay y Brasil. Esa mañana conocí a Nils Kastberg, director regional de UNICEF. Lautaro me pidió que antes de la visita a la triple frontera, fuese a visitar a la que entonces era la senadora Cristina de Kirchner, que ya era candidata a la presidencia de la República Argentina. La idea de la visita era que se hiciera eco del llamado que ALAS estaba haciendo por la niñez latinoamericana y que ella fuera abanderada de ese movimiento por el lado argentino. A través de eso también conseguir una voz común en todo el continente para poder auxiliar la urgencia de tanta niñez desprotegida.

Ya Dios estaba nuevamente haciendo de las suyas. Fue con esa excusa que pedí una cita con la senadora, que me fue concedida inmediatamente en el transcurso de horas. Llegué esa noche como a las ocho y treinta a la Casa Rosada acompañado por un representante de ALAS y mi manager Fernando Castellar. Cristina me recibió previo a su descanso. Había estado trabajando todo el día. Fue muy amable conmigo. La cita se llevó a cabo en su despacho privado. Le pedí al edecán que, por favor, me permitiera tres minutos a solas luego de la reunión. Pedido que fue concedido pero con la diferencia de que tendría que ser antes del encuentro, no después.

Mi manager y el representante de ALAS se quedaron afuera en lo que serían esos tres minutos previos a la reunión. Esos minutos tenían una sola intención. Y ustedes se imaginaran cuál. Luego de la foto de rigor, que quedó seguramente en el archivo de la casa de gobierno, los fotógrafos y el encargado de video salieron también. Quedamos absolutamente solos en su despacho, sentados ante su mesa de conferencia. Ella, por supuesto, en la cabecera de la misma. Le dije: «Disculpe este atrevimiento. Es muy probable que después de estos tres minutos va decir o a pensar que saquen a este loco de aquí. ¿Quién me ha metido en este paquete? ¿Quién me ha metido en este lío? —esas fueron mis palabras y seguí— lo bueno es que serán sólo tres minutos, por lo tanto la agonía va a ser corta. Pues si le parece loco lo que vamos a conversar, tres minutos se van rápido».

Pero los tres minutos se convirtieron en veinte.

Lo que comenzó siendo una charla nerviosa por mi parte y extraña para ella se convirtió luego en una profunda conversación respecto a Dios. Respecto a la relevancia que tiene para un primer mandatario tener a Dios, tener a Jesucristo en el corazón. Le dije deliberadamente a Cristina: «Señora, vengo aquí a hablarle de cuánto Dios la ama, vengo a decirle que cuente con Él y vengo a decirle de parte de Él que usted va a ganar la presidencia. Pero no tiene que estar soportando todas y cada una de esas cargas y responsabilidades usted sola, debe entregárselas a Él. Tiene que consultarle todo a Él. Usted sola no va a poder».

También le dije que tenía que depositar más confianza en la Iglesia. Que tenía que acercarse a la juventud cristiana de Argentina. Que esos jóvenes la iban ayudar a ella a levantar como un brazo aliado a todos los niños de Argentina que tienen problemas de drogadicción y que son víctimas del hambre.

La juventud de Argentina quiere tener responsabilidades para hacer cosas por el país. Quieren salir de sus casas e iglesias y tomar la calle. Ella tenía que saber que esa era la gran oportunidad de su vida para hacer un ejército de jóvenes al servicio de Cristo, para ponerlos a actuar en beneficio del país.

Veinte minutos.

Eso fue lo que duró la charla que les acabo de relatar. Se sacó el peso que tenía encima pensando que yo era un loco. Terminamos. Oré por ella. Tomé su mano e hice una plegaria por la responsabilidad que tendría. Le dije que si sentía vergüenza de hablar o comentar cosas de Dios, que contara conmigo. Que sólo debía llamarme al celular y la atendería con todo gusto. Eso tocó su corazón. Quedó muy agradecida.

∽

Después de todo eso, entraron las personas que venían a distraer bajo la excusa de la vacunación del otro día en la triple frontera de Misiones. Entraron para disipar el ambiente que habíamos logrado, pero la llama aún quedaba encendida. Esa misma llama que nos permitió el reencuentro en dos oportunidades más previas a las elecciones presidenciales de octubre.

El segundo encuentro fue más importante que el anterior. El primero fue para romper el hielo, para tocar bases. Para ver qué podía pasar. Regresé a la Argentina en el mes de agosto para mi gira de conciertos. El episodio anterior había sido en abril. Pedí una nueva audiencia con ella y me la concedió.

Atendió amablemente mi petición de una reunión, pero esta vez ya no hablaríamos de las vacunas, ya no era el tema de parte de UNICEF ni de ALAS. Esta vez no tenía que dar un motivo ni tuve necesidad de un intermediario de alguna institución para que me diera su tiempo. Llamé directamente desde el hotel a su despacho. Me atendió amablemente Gabriela, una muchacha que trabaja en comunicaciones. De inmediato me dejó en línea. Me dijo que ese mismo día en la noche nos veríamos. Por la noche volví a la Casa Rosada. Nuevamente en el palacio de gobierno, pero ahora en compañía de mi esposa. Esta vez no tuve que mostrar un pasaporte falso, deliberadamente iba a cumplir mi misión. Ella sabía que iba a un encuentro cercano con Dios. Por eso estábamos ahí, no por otro motivo.

Llegué con Marlene, esta vez sin estar flanqueado por nada. Mi representante nos acompañó pero se quedó afuera. Me presenté nuevamente en el mismo despacho, parecía el mismo cuadro de la otra vez, sólo que Marlene era lo único diferente. Lo primero que comentamos en nuestra charla fue que faltaba poco tiempo para que se llevaran a cabo las elecciones.

—Ricardo, quedó mucho en mi memoria la vez pasada, cuando estuvimos juntos. Cuando me dijeron esa mañana que querías verme, de inmediato dispuse el momento para estar contigo —me dijo convincente.

Respondí que le agradecía mucho y que me parecía un gesto muy bonito de ella. Pero le recordé que lo más importante era su actitud en busca de algo.

—El mensaje que traigo esta vez es que no necesitas un intermediario para hablar con Dios. No necesitas a otra persona para tener intimidad con Él —afirmé en un tono amable.

A continuación le hablé de Marlene y de lo que hacíamos con nuestra fundación. Luego fuimos al grano. Cuarenta minutos hablando exclusivamente de Dios. Una reunión que terminó con una oración muy larga, con los ojos cerrados. Invito al lector a que se imagine a la presidenta Kirchner sentada en la cabecera de la mesa de su despacho con sus ojos cerrados. Sus manos tendidas, una a Marlene y la otra a mí. La oración fue en base a lo que ella iba a vivir y a lo que iba a pasar. Marlene oró muy bello, como siempre. Oramos cubriendo su vida con la armadura de Dios y la cubrimos para que saliera con esa armadura. En medio de la oración le dijimos que tenía que acercarse a Dios e ir a la iglesia. Que cada paso que fuese a dar le consultara a Dios. Le di la buena noticia nuevamente a modo de recordatorio: que nunca olvidara cuánto la ama Dios.

Al terminar la oración me dijo:

—No sé cómo voy a hacer para dormir porque esto que acaba de pasar es muy fuerte para mí.

Quedamos en darle continuidad a eso que aún no sabíamos qué era. Las fotos protocolares eran lo de menos. Es más, todavía conservamos en nuestra memoria —Marlene y yo— ese abrazo de despedida. No era un artista y su esposa los que salían de allí, eran dos cómplices, con quienes compartía un secreto.

Yo no me quiero colgar de la amistad de nadie. Ni quiero hacerme el protagonista de una novela, ni tampoco vanagloriarme sobre con que quien le habló de Cristo a Cristina Kirchner fue Montaner. Eso me tiene totalmente sin cuidado. Lo importante es que tengo una conclusión para mí y otra para ella. Para mí, es que Dios me confirma cada cosa que me ha dicho, cuál es la misión cada día de mi vida, qué es lo que tengo que hacer. Sólo estoy obedeciendo a Dios. Hablo de Él con el vendedor de papas o el presidente de la nación. Mi conclusión es que estoy en la medida de lo posible cumpliendo con el trabajo que me encomendó Dios a través de aquella palabra de Dante en el año 2005.

> **Dios me confirma cuál es la misión cada día de mi vida.**

El otro encuentro sería telefónico el 27 de octubre en la tarde, estando ella en Calafate. Esto fue un día antes que fuese electa presidente.

Regresábamos de la finca de la fundación. Estaba muy pendiente de lo que sucedería el 28 de octubre en Buenos Aires. Sonó mi teléfono. Atendí y resultó ser mi amiga Gabriela. Me dio el teléfono privado de la señora Cristina de su casa en Santa Cruz. «Llámala que te atenderá», me dijo. El cuadro en ese momento se presentaba de la siguiente forma: tendría que orar por la futura primera mandataria de los argentinos, pero manejando, con tres niños en el asiento de atrás, mi esposa a mi lado y en la otra mano el teléfono. Les aseguro que no fue nada fácil. Eran las cuatro, hora de Miami.

Entonces escucho del otro lado de la línea:

—¡Uy Ricardo, no sabes cuánto esperaba esta llamada!

—Qué bueno que se acordaba que teníamos esta llamada pendiente —le dije—. ¿Recuerda que me dijo que justo antes de las elecciones teníamos que reunirnos para orar juntos? Estoy cumpliendo mi palabra y llamándola para que lo hagamos.

—¿Ahora, por teléfono?

—Claro —le respondí—, ¿quién le ha dicho que no se puede orar por teléfono?

Se rió mucho y continúe diciéndole que se podía orar por teléfono y de muchas otras formas.

—Búsquese una silla, si esta parada, y siéntese tranquila. ¿Está sola? Si está completamente sola, cierre los ojos por favor, yo estoy con mi esposa e hijos y ellos van a hacer lo mismo que usted. Repita conmigo, por favor: Señor, el día de mañana es muy importante...

—Así comencé mi improvisada oración que nacía del corazón—. Padre, te prometo que mañana comienza un pacto contigo. Encomiendo todos mis pasos a ti, y me cubro con la sangre de tu hijo Jesucristo...

Me interrumpe para decirme:

—No puedo creer que esto se pueda hacer así.

—Le digo que no le quepa duda —continué—. Acaba de activar el poder de Dios. Si hasta ahora, por las encuestas, usted declaraba que mañana ganaba, ahora esté segura que es así porque Dios lo ha determinado. Ahora no está en juego usted sola ni la credibilidad de las empresas encuestadoras, ahora está poniendo en juego al propio Dios. Usted tiene que cumplir con Él y su misión, y todo va a salir bárbaro.

Terminamos la oración.

—Voy a estar esperando que me invite a la toma de posesión.

—Quiero verte a ti y a tu esposa el diez de diciembre, cuando esté recibiendo el bastón de mando.

—Allí estaremos junto a usted.

~

El diez de diciembre regresé de Chile a Buenos Aires. Subí a un avión, me fui con mi manager y con Fabián Ferreiro. Mi esposa no pudo ir. No había habitaciones en los hoteles, así que conseguimos una que debimos compartir los tres, sólo para cambiarnos. Salíamos al Congreso. Me encontré con otros artistas que estaban allí: Patricia Sosa, Alejandro Lerner. Estuve presente en el momento de juramentación, cuando recibió el bastón de manos de su esposo. Al mismo tiempo era una foto perfecta para mí porque quien hacía leer el juramento era también otro gran amigo mío: Daniel Scioli. Él era entonces presidente del senado. Del Congreso salí antes que ella por una puerta trasera. Me llevaron directamente a una oficina en la casa de gobierno a donde ella llegaría luego a recibir todos los saludos de tanta gente que venía de todas partes. Estuve en ese salón que daba al histórico balcón que tiene su salida hacia la Plaza de Mayo. Era mi tercera vez en seis meses en la Casa Rosada. Me asomé y vi la plaza colmada del pueblo entero, tocando bombos y cantando por el triunfo de Cristina. El tiempo pasaba y se me hacía tarde para llegar al avión que partía esa noche para Miami.

Aún tenía que quitarme el traje, la incómoda corbata y los zapatos de suela que definitivamente no me sientan bien... y ya no tendría la oportunidad de saludarla. Al salir les digo a mis acompañantes:

—Por favor, necesito que le hagan llegar un mensaje a la presidenta.

Gabriela, nuestra amiga que nos guió, me dijo:

—No Ricardo, ella quiere que le des el mensaje personalmente. Te verá antes que te vayas.

Me hicieron caminar por unos pasillos que me llevaron a la escalerilla principal de entrada de la casa de gobierno. La alfombra roja y todos los soldados de caballería estaban esperando el auto de la flamante presidenta que venía en compañía de su esposo. Me guiaron a través de las escalerillas. Imagínate ese momento: todos los soldados, la alfombra roja y yo parado a un costado de la escalera. La Casa Rosada estaba rodeada de gente. El pueblo se había acercado para ver cómo llegaba la presidenta. Me reconocieron saludándome, cantándome pedacitos de canciones mientras la presidenta venía del Congreso hacia la casa de gobierno.

Mi amiga me dice:

—Tú, quédate ahí, yo no puedo estar allí. Quédate aquí que ella vendrá porque te quiere ver.

La verdad que la idea me parecía extraña, yo quedaba como atravesado en un lugar que no parecía normal. Al decirle eso, Gabriela me dice:

—Tienes autorización para estar en este lugar, así que no te preocupes. Efectivamente, a los minutos llegó el auto y quedé paralizado ante lo hermoso que significaba ese acto de llegada de ella. No había nadie más que no fuera el auto, los edecanes, la alfombra roja, su esposo y yo. Estaba en la escalerilla, a un costado, inmóvil porque no me atrevía a bajar ni a subir. Quería pasar inadvertido. Lo que ocurrió nunca lo hubiera imaginado, pero a fin de cuentas, cómo puedo asombrarme de algo si es Dios quien maneja a sus hijos como quiere.

La presidenta se bajó del auto y, en lugar de dirigirse a la alfombra roja, desvió su paso para romper con el protocolo. Su marido iba detrás de ella. El jefe de seguridad me hizo señas de que me acercara. Bajé dos escalones y ella subió un primer peldaño. En ese momento me dio un gran abrazo y me dijo:

—Sabía que no me ibas a fallar.

Yo le respondí:

—Presidenta, cuando ponga su pie en la primera escalerilla, hágalo pensando que está dando un paso de fe, que en ese escalón está haciendo un pacto. Como me dijeron un día: «Da el paso adelante que Dios vendrá detrás de ti».

—No sabes cuánto agradezco que hayas venido —me dijo—, para mí es muy importante que hoy hayas estado aquí.

Me presentó a su marido, a quien aún no conocía. Nos despedimos tras un abrazo fraterno y cómplice, ella siguió sus actos y yo me perdí entre la multitud. Me subí a un auto como pude y me llevaron a buscar mi maleta al hotel para seguir al aeropuerto.

Mi conclusión en cuanto a ella es que es buena persona, al margen de cualquier circunstancia que hoy la rodee. Al margen de una opinión pública dividida que puede haber entre el pueblo argentino, siento que tiene buenas intenciones. Probablemente esté buscando la puerta, estoy seguro que una pequeña semilla quedó sembrada en su corazón. Eso para mí es suficiente.

Qué cosa, ¿no?

Dios me abre las puertas y yo hablo de Él a chicos y a grandes, a empresarios u obreros, a estudiantes y presidentes.

# Espaguetis con aceite

ES DOMINGO Y RECIÉN SALGO DEL SERVICIO de la iglesia. Un hermano se me acercó a felicitarme por el programa del miércoles en «Don Francisco Presenta». Me decía lo bonito de mi familia, me dijo que le gustó cuando expresé en el programa que teníamos que decirles a nuestros seres queridos que los amamos. Luego agregó: «¡Cuánto lucha uno para tener una familia así de bonita!» Sé que él ha tenido problemas en su matrimonio. Así que le dije: «¿Sabes qué? Lo más bravo de todo, lo más sencillo de todo, lo normal es tener una familia así. Lo anormal es lo otro. Lo anormal debería ser tener una familia disfuncional. Lo malo es que el marido le pegue a su esposa, que la mujer le sea infiel al marido. La gente ve como algo extraordinario a mi familia y se asombran. Me hablan de la armonía de mis hijos. Me dicen que así les gustaría tener unos ellos. Yo digo que lo común es vivir con mis seres queridos de esta forma. Es tan simple como cocinar espaguetis con aceite. No se sabe por qué algo tan simple puede ser tan sabroso. Lo elaborado es ponerle la salsa, los ingredientes, tratar de hacer una receta que parezca del mejor chef del mundo. Pero lo sencillo es amar a la esposa, amar al marido. Estar pendientes de los hijos, que ellos respeten a sus padres».

Acabo de regresar de un almuerzo con el doctor Ruiz, salimos ni bien terminó el servicio en nuestra iglesia. Me comentaba que durante el mismo programa que les mencioné, tenía a su lado a su nueva esposa y de repente, con lágrimas en sus ojos, me dijo: «El instante que más ministró del programa fue cuando tu hijo mayor, Alejandro, dijo que habían pasado largos momentos sin su papá, pero que tú te las arreglaste para que ellos sintieran siempre que estabas con ellos. Eso fue una prédica para mi vida», señaló.

Lo único que hace falta es poner a Dios en el medio. Eso es lo primero y principal. Él tiene que ser la columna donde uno apoya todo. Pero la actitud es algo que tenemos que tener en cuenta. El hombre tiene que tener actitud hacia la mujer. La mujer hacia el hombre. Los hijos tienen que ver la armonía en la que

> **La admiración debe ser del hombre hacia la mujer y viceversa.**

viven sus padres. El uno por el otro. Los hijos no van a responder a eso solos, ellos ven el reflejo de sus mayores. Ellos sienten si sus padres alzan la voz. Una persona que se acostumbra a ser maltratado desde pequeño, va a maltratar cuando sea adulto y punto. Un niño que está acostumbrado a que su padre lo insulte y subestime, cuando crezca va a tener problemas muy grandes con quien sea su esposa o con sus hijos.

Llega un momento en que el carácter del hombre y la mujer empiezan a chocar, y eso tiene un límite. Una raya divisoria entre los derechos de uno y del otro. La admiración debe ser del hombre hacia la mujer y viceversa. Destacar los valores de cada uno, babearte por la belleza de ella y por la belleza de él, aunque sea un panzón. Estar pendiente constantemente de lucir bien para él, y este lucir bien para ella. Entender que sus problemas y sus asuntos son tan importantes como los tuyos.

He tenido la experiencia de ver gente a mi alrededor muy selectiva a la hora de elegir una pareja. Pero sus procesos pasan por unos rubros extrañísimos. Catalogan la belleza física de manera muy rara. Para mí, la belleza física puede ser muchas cosas. Lo que para uno puede ser espectacular para otro puede ser horrible. Tengo un amigo que un día su mujer se puso flaca y no le gustó, porque le encantaba gordita. Creo que eso es válido. Eso es belleza también.

El proceso de selección suele ser tan, pero tan exhaustivo, tan *picky*, tan minucioso, que terminan eligiendo robots, terminan eligiendo unas vainas rarísimas. Tú dices: «Tanto y tanto elegir para casarte con esto». Es una cosa que nadie entiende. Hay muchos que no creen que la belleza es una combinación de elementos. Para muchos es un trasero y unas lindas gomas, como dirían en Argentina.

> **Dios no nos trajo aquí para pasarla mal.**

Para mí es exactamente lo mismo, pero al mismo tiempo una conversación inteligente, una mujer con una personalidad interesante. Culta, eso para mí es la belleza. Otros, los que se fijan solamente en cómo van y cómo vienen, tienen un grave problema, es que sólo se fijan en eso.

Para ellos lo demás no es importante. He visto amigos míos que terminan casándose por el tamaño y las proporciones. Y terminan también arruinándose ellos y arruinando las vidas de sus cónyuges con divorcios de mayores proporciones. No digo que las personas vacías de cerebro no tengan derecho a encontrar su media naranja. Pero tienen que encontrarse a alguien vacío también, para que juntos hagan un gran vacío y puedan ser felices.

Pero ser feliz es fácil. Ser feliz es lo natural.

Esta gente es infeliz porque no hace lo propio para ser feliz. Dios no nos trajo aquí para pasarla mal. Nos trajo para ser como niños, para sonreír. No nos trajo para amargarnos la vida. Lo normal es ser feliz.

Mi pregunta es: ¿Qué vas a elegir? El camino más largo es complicarte la vida, dar portazos, irte amargado al trabajo, gritarles a los compañeros. Decirle bruja a tu esposa. Al llamarla así ya lo jorobaste. Eso se complicó ahí, no tiene remedio. Y cuando ella comienza a llamarte por el apellido también se jorobó. No puede ser que tu mujer se convierta en una máquina de sexo y tú te conviertas en el expendedor de dinero de la casa. Eso no es así.

La receta de la felicidad es tan sencilla como los espaguetis con aceite.

Querido final, el problema contigo es no tener idea de lo cerca que estás, yo te alejo a punta de fuerza y optimismo, y tú me empujas a fuerza de dejarme sin fuerzas para seguir. Cada meta que logro es una batalla que te gano, cada fracaso va proporcional a tu beneficio. Jugamos entre tú y yo a lo que menos me gusta: a la cincha con una soga de barco pirata, que jalas con tu poder pesimista, yo sólo juego a resistir, a no ceder, a no arruinarme la ropa cayendo en el barro. Tropiezo y vuelvo a levantarme, me ayuda la fe, me ayuda la terquedad y la omnipotencia de las noches de luna y los días nublados a rato.

Me ayuda la lluvia y el sentirme vivo, me ayuda lo construido y lo que he moldeado con mis propios dedos y mis propias palmas. Me basta el silencio para prestarme atención y ganarte otra guerrita.

Querido final, sólo unas cortas líneas para desahogarme nada más, sólo unas palabras, para que sepas que aún sigo aquí, que no dejé de existir con mi último fracaso, que me llené de fuerzas con él y que te alejo cada vez que se me antoja despertar el talento, cada vez que me caigo te vacilo y me hago el muerto, que aprovecho cada descuido tuyo para levantarme y esconderme en la maleza.

Te va a ser muy difícil encontrarme esta vez. No voy a volver a ser tonto y poner remitente con dirección en el sobre, y voy a aprovechar una parada o un cambio de avión para echar la carta y confundirte.

**Tropiezo y vuelvo a levantarme...**

*¿En qué país, en qué selva de cemento, en qué vertiente de río en el océano? ¿Y cómo me vas a conseguir?*

*Mientras tanto, final, me sigo entreteniendo con mi amigo el comienzo, ese sí sé que me cae bien, ese sí me alienta y se compadece de mí. A ese sí lo invito a mi fiesta cada amanecer.*

*Comienzo, me busca y siempre me consigue, a él siempre le dejo el remitente y me sabe en cualquier rincón. No imaginas lo que el comienzo y yo nos reímos a tus costillas; al comienzo le das vida tú mismo cuando te crees ganador.*

*El comienzo es mi Dios... me levanta y me lleva cargado, no hay peso suficiente para cansar al comienzo.*

*Bueno aquí te dejo, saludos a los tuyos, al infiltrado en las manifestaciones, al que quema autos, al cargo de conciencia, a la culpa, al corrupto y al vengativo, a las aves de rapiña que tienen por compañeros al desamor y al rencor, a la parca.*

*PD: Voluntad te envía saludos y manda a decir que está de mi lado y que no esperes porque no va.*

*Cariños,*
*Esperanza*

# Yo quiero eso que tú tienes

EN ALGUNAS OPORTUNIDADES EN MIS CONCIERTOS, en un momento dado, le hablo a la gente acerca de las maravillas que Dios ha hecho en mi vida.

Si justo ahora cuando me estás leyendo conoces lo que es tener al Señor en el corazón, me vas a entender. Si aún no has reconocido a Jesús como tu único Salvador, quizás no has llegado a estas páginas, tal vez te hayas aburrido o hayas querido cerrar el libro antes.

Si has llegado hasta aquí y aún no conoces a Dios, date por seguro que fue Él quien te ha guiado hasta esta página. Date por seguro que no llegaste aquí por casualidad, que esa paciencia de haber aguantado todas estas páginas previas, todos esos cuentos, seguramente no es una paciencia que nació por casualidad de ti mismo. Estoy seguro de que es hasta una paciencia a la que aún no estás acostumbrado y que probablemente sientas como inédita. Pues, en efecto, esa paciencia no es otra cosa que Dios guiando el control remoto de tu voluntad para que llegaras hasta aquí y leyeras precisamente esta parte.

No sé en qué situación de tu vida podrás encontrarte ahora, no sé qué estás haciendo, no sé si en este momento estás sola o solo, soltero, soltera, casado o casada. No sé si estarán de novios, ni si te encuentras más acompañado que nunca. O en un momento de plena felicidad. No sé si estarás hundido en el más profundo de los dolores jamás experimentados. No sé si en este minuto sientes que debes ser perdonado o que debes perdonar. No sé si tienes a alguien a tu derecha a quien tocarle la mano o a tu izquierda a quien mirar con ojos diferentes. En realidad tampoco sé quién eres, no sé qué buscas en la vida, ni tampoco si sientes que ya lo has encontrado todo. No sé si piensas por dentro mientras estas leyendo esto: «¿Y qué se habrá pensado este tipo si a mí no me hace falta nada?»

Me imagino que no debes entender como tampoco entiendo hacia dónde lleva la fluidez de estas palabras, pero hagamos un ejercicio y luego volvamos aquí.

¿Cómo poder hablarle de Dios a alguien que cree que es plenamente feliz y lo tiene todo? Hablarle de Dios a un derrotado es más sencillo pues puedes entrar por el consuelo. Pero, ¿cómo le hablas de Dios a alguien que se siente triunfador? ¿Cómo predicarle la palabra a Luis Miguel? ¿Cómo hablarle del amor de Dios a los *Rolling Stone*?

En Juan 14.6 Jesús dijo: «Yo soy el camino, la verdad, y la vida; nadie viene al Padre, sino por mí».

¿Cómo se le dice, además, sin ofenderlo? ¿Cómo poder decir a tantos compañeros que tengo que la vida no va por ese lado, que la vida es diferente con y sin Dios en el corazón? ¿Cómo hacer para sembrar en ellos la necesidad de encontrar a Jesús para sentirse completos? ¿Cómo llegarle de frente y decir que lo único que les falta en la vida es reconocer a Cristo como su Salvador sin que te cierren la puerta en la cara? O sin que crean que eres un loco o un fanático. ¿Cómo hablarle de Dios a un presidente? ¿Cómo decirle a alguien que ostenta una posición de poder absoluto que ese poderío no es real si no está bajo el mando y la supervisión de Jesús? ¿Cómo le puedes decir al que tiene la decisión de apretar el botón que expulsa la bomba que él no es el dueño de esa voluntad? ¿Cómo convencer a alguien que vive adulado, lleno de gente alrededor que le dice sólo y exclusivamente lo que quiere escuchar, que Dios es el único camino?

Yo no sé, es más, vuelvo a ti... no sé qué decirte. Como te digo que yo era una copa medio llena. Como te digo que mis tarjetas de crédito eran ilimitadas, como ilimitada mi ambición, y como ilimitada la cantidad de gente que me rodeaba y me decía lo que yo quería escuchar. Como te digo que nada de eso me bastaba, que nada de eso fue suficiente en un momento dado de mi vida. No sé cómo decirte que aún estás a tiempo, si todavía no has cerrado el libro, que aún puedes, que en este momento mires tu mano y la extiendas para tocar al prójimo. Que posiblemente nunca le has dicho a tu hermano o a tu hermana cuánto le amas.

> ...nada de eso fue suficiente en un momento dado de mi vida.

¿Te acuerdas de la última vez que te paraste frente a tu madre? Lo que le dijiste. ¿Te acuerdas de lo que le hiciste sentir? Si has hecho mal o bien... lo sabes. ¿Cuánto has destruido? ¿Cuánto has construido? ¿Tienes clara cuál es la visión de tu vida? ¿Tienes claro cuál es tu misión en la vida? ¿Cómo le dices a quien crea la guerra que la paz sólo está en Cristo Jesús? Que Dios es bueno, y que el Dios nuestro no mata para hacerse grande, que es grande por la vida que nos dio. Desnuda tu alma ahora mismo que nadie te está viendo, cierra los ojos por un momento, por un minuto y avísame cuando vuelvas. ¿Ya? Pues te sigo contando por qué creer en Cristo. Por qué creer en Él y nada más que en Él. Por qué hacerlo el centro de tu vida.

Alguna vez cuando fuiste a buscar trabajo, al llenar tu ficha de solicitud de empleo, ¿te imaginaste lo ventajoso que sería entregarle directamente ese formulario al presidente de la empresa? ¿Piensas todo lo que te hubieses ahorrado de tiempo tratando de convencer al portero que te dejara entrar? Tratando de llegar a la recepcionista para te diga en qué departamento reciben las solicitudes de empleo, para luego subir una escalera y encontrarte a una malhumorada señora que te dice que esa planilla no esta del todo completa y que la llenes nuevamente y regreses. Vuelves a ella, le entregas otra vez el formulario, tratando de poner una cara simpática, para que ella la haga llegar a un departamento en donde arriban todas las solicitudes, de toda la gente que quiere un empleo en esa empresa.

Imagínate que esa planilla recorre cualquier cantidad de escalones primero, antes de llegar a la oficina de recursos humanos donde estudian tus créditos para dictaminar si te mereces el puesto o no. Si es que has corrido con suerte, luego te llaman para hacerte una entrevista que tampoco es con esa persona. Tres meses más tarde, alguien te llama y te dice: «Venga a trabajar». ¿En qué momento crees que podrías conocer al presidente de la compañía? Esa empresa multinacional es tan grande que quizás jamás lo verás. Sólo lo verás en fotos.

Ahora piensa lo que sería llenar esa planilla e ir directo a entrevistarte con el dueño de la empresa, que él mire tus ojos y reconozca tu corazón, y que te diga: «Estás empleado. Vas a ser mi vicepresidente».

Pues bien, creo que esto es lo que ocurre en el camino de Cristo. Ponte en la cabeza que, con Cristo en tu corazón, hablas directamente con el presidente de la empresa. No necesitas intermediarios. Vas derecho al *penthouse* en el ascensor que sube directo, y que al abrir la puerta encuentras al presidente de la compañía.

Él está allí con el mejor de los humores, los brazos abiertos con una cara tierna y espectacular, esperándote para el abrazo y para decirte: «Bienvenido, bienvenida, sabía que algún día ibas a llegar, te estaba esperando». No pierdas más el tiempo, vete y visita directamente al presidente de esa empresa y pídele empleo que, seguramente, te lo va dar.

Yo trabajo ahí, en algún momento nos encontraremos.

Y vuelvo con las preguntas:

¿Cuántas veces diste las gracias hoy? ¿Cuántas veces has herido un corazón? ¿Cuántas veces has tratado con indiferencia a alguien? ¿Cuántas veces provocaste lágrimas, penas? ¿Cuántas veces trataste mal a alguien que estaba a tu servicio? ¿Cuántas veces desairaste a un compañero en tu trabajo? ¿En qué momento del día criticaste a alguien? ¿Cuántas mentiras dijiste hoy? ¿Las contaste?

**¿Cuánto vale para ti una persona?**

¿Cuántas veces insultaste? ¿Cuántos te pidieron ayuda y a cuántos se la diste? ¿Cuántos minutos utilizaste para pensar en los demás durante el día de hoy? ¿Cuánto vale para ti una persona? ¿Cuánto vale tu posición en tu trabajo? ¿Cuánto vale un amigo? ¿Cuánto cuesta el te quiero y el te amo que aún no le has dicho a tu mamá o a tu papá? ¿Cuánto tiempo más tienes que esperar? ¿Te has puesto a pensar cuánto va a doler cuando sea tarde, cuando no haya remedio, cuando ya no te escuchen? Cuando ya ese ser «querido» no esté para escucharte... Y no seas inocente, con los muertos no se habla. No seas incrédulo, no hay tiempo después.

¿Cuánto tiempo crees que va durar tu vida? ¿Sabes exactamente qué día te vas a ir de aquí? ¿Te has puesto a calcular cuántos días vas a vivir?

¿Te has puesto a pensar que el resto que te queda puede ser menor a lo que has vivido? ¿Te has puesto a pensar cuánto vale la vida?

Te voy a seguir preguntando, pero créeme que todas estas preguntas me las hice yo alguna vez.

¿Cuántas veces miraste a los ojos de alguien y le sonreíste?

¿Cuántas veces rechazaste el cariño de tu pareja? ¿Escuchaste hoy a tu hijo?

Si no lo has hecho, ¿te imaginas el daño irreparable que puedes haber ocasionado en su corazón?

¿Te diste cuenta que hoy salió el sol? ¿En qué pensaste cuando tu pie izquierdo tocó el piso? Cuando abriste los ojos, ¿diste las gracias?

> **¿Te has puesto
> a pensar cuánto
> vale la vida?**

¿Cuánto tiempo dedicaste a tu vida interior, a tu comunión?

En este momento, ¿te sientes acompañado? ¿En qué lugar de tu casa te encuentras? ¿En una oficina? ¿En un aeropuerto? ¿En un parque o en una plaza? ¿Sentado en un sofá, en tu cama? ¿En una terraza?

¿Qué te rodea?

Sólo por hoy piensa un momento sobre cuándo has ejercitado tu alma. ¿Valdrá la pena dar un cambio radical a tu existencia, ir cambiando tus prioridades? Sólo por hoy piensa en lo bueno que sería perdonar a quien te ha herido. Arrancar de tu corazón ese dolor. Sólo por hoy piensa lo increíblemente maravilloso que sería un acto de humildad de tu parte, pidiéndole perdón a quien lastimaste una o muchas veces.

¿Debes dinero? ¿Tienes deudas? Imagínate por un instante, que llega alguien a tu vida y te dice: «Todas estas deudas que tienes en este instante han sido condonadas, ya no debes nada». ¿Cómo te sentirías?

Como sería la noche de hoy si eso te sucediera y te enterarás que ya no le debes nada a nadie. Que todo ese insomnio por el dinero que debes, ya no vale ni la pena, ¿cómo te sentirías? Bueno, ahora imagínate, ¿qué pasaría con todos los cargos de conciencia que tienes ahora mismo? Con todo ese sentimiento de culpa que tienes por todas las cosas horribles que has hecho, por todas las heridas ocasionadas, por todos los pecados cometidos. Imagínate que alguien viene y te dice: «En este instante estás perdonado en todo».

Todos esos asesinatos de alma que has hecho en tu vida. Todas esas lágrimas que obligaste a enjugar en los demás. Todo ese egoísmo que sembraste. Toda esa mala yerba que cosechaste. Todo eso te es perdonado ahora. ¿Cómo te sentirías? ¿Cómo dormirías esta noche?

◦

Pues ese es el resumen de este libro.

A partir de Cristo, todo lo malo ya pasó, ya fue, cosas nuevas hará Él para ti. Levántate de ahí ahora y recibe en tu corazón a Cristo. Es muy fácil.

Cierra los ojos, estés donde estés. Mira a tu interior.

Imagínate un abrazo. Habla con tu Padre, pídele perdón. Imagínate que es tu Padre real. Tu Padre de la vida, tu Padre de la tierra. Si piensas que eso es bueno, ¿cómo le hablarías?

Pídele perdón por todo lo malo que hiciste. Recibe el abrazo, su consuelo. El borrón y cuenta nueva.

Repite conmigo, que nadie te está viendo. Lee con tu voz apenas audible:

Señor:

Yo te recibo en este minuto en mi corazón porque siento la necesidad de cubrir este espacio vacío. De llenar mi alma de tu agua fresca, de crecer y de volverme bueno. De sonreír y de iniciar una nueva vida.

Quiero levantarme de aquí sabiéndome perdonado. Aprendiendo a perdonar. Necesito de ti Señor. De tu frescura, de tu vida naciendo de nuevo. Quiero sentirme libre del peso y del yugo de mis esclavitudes.

**Te entrego el timón.**

¡Quiero despertarme en la mañana siendo otra persona!

¡Quiero enamorarme de ti Señor! Y poner una calcomanía en mi frente que diga: «Yo creo».

Quiero ofrecer mi mano a quien la necesite. Quiero abrazar a mi padre y buscar al amigo que alguna vez ofendí. Quiero pedirle perdón a mi pareja, quiero salir de aquí renovado, como si otra persona naciera en mí.

Quiero confesarte Señor que estoy solo y que estarás a mi lado para hacerme compañía desde ahora en adelante.

Que te regalo mi libre albedrío. Te lo devuelvo, pues no me hizo bien tener el control de mi vida. Y que desde hoy, te entrego el timón. Yo llegaré en tus brazos a salvo a la orilla, porque ahora reconozco que eres el Cristo. El Hijo del Dios viviente. Reconozco que moriste por mí y por mis faltas. Amén.

⌒

Hermano o hermana. Si has leído en el susurro esta confesión de fe, te felicito. Si no lo has hecho aún, recuerda no tirar este libro y tenerlo siempre a mano en tu mesita de noche, en tu gaveta de escritorio. Podrás volver a él si es que ahora creíste que no te hacía falta. En algún momento podrás volver a él, cuando te sientas perdido, cuando no encuentres consuelo, podrás volver a esta página marcada, con la urgencia de leerlo en voz alta.

Si, como pienso, leíste en voz alta esta confesión de fe, encontrarás a los pies de esta página una línea en blanco que sólo espera por tu nombre.

Esta será una constancia de tu primer momento de comunión verdadera con el Señor de señores. Imaginarme compartiendo este momento contigo es mi premio más grande. Quizás jamás me entere, quizás nunca nos veamos, pero el solo hecho de pensar que alguna de estas palabras pudo haber tocado tu corazón me hace un privilegiado.

Tu nombre _____

¡Qué bueno es Dios! ¡Qué grande es su misericordia! Haberme puesto a mí, precisamente a mí en este lugar y frente a tus ojos.

Me encantaría escribir... «esta historia continuará», pero eso no lo puedo saber yo. Sólo lo sabe Dios...

**Ricardo**

# Acerca del autor

RICARDO MONTANER ES UNO DE LOS ARTISTAS más fuertes y más experimentados de Latinoamérica. Con una selección de baladas románticas sin precedente y un constante deseo de ir en pos de nuevos estilos de música, este venezolano ha cautivado para siempre los corazones de sus admiradores. Ha alcanzado reconocimiento mundial por su trabajo humanitario como Embajador de Buena Voluntad de UNICEF y por su obra filantrópica a favor de los niños en Centro y Sudamérica.

Ricardo tiene un feliz matrimonio con su esposa Marlene y es el orgulloso padre de cinco hijos: Alejandro, Héctor, Ricardo Andrés, Mauricio y Evaluna. Viven en Miami, Florida.

Para más información sobre la Fundación la Ventana de los Cielos y cómo puedes formar parte, por favor visita:

www.laventanadeloscielos.org

O escríbenos a:

info@laventanadeloscielos.org

Para compartir tus experiencias de este libro, visita la página:

www.loquenodigocantando.com

*Aquí estoy yo, en la última página del libro*
*a media tarde, urgente de cariño,*


*Ricardo*